AF603549

RÉCITS
ALGÉRIENS

LE RÉNÉGAT — L'ARBRE DES TROIS PENDUS
— LA BALLE DU COLONEL CLOC —
UN JUGEMENT DE KARA-KACH — UN PIED DANS L'EAU
— LE SOC ET L'ÉPÉE —

PAR

FLORIAN PHARAON

PRIX : 3 FRANCS

PARIS
A. PANIS, LIBRAIRE-ÉDITEUR
15, BOULEVARD MONTMARTRE, 15
ET A LA LIBRAIRIE INTERNATIONALE
15, boulevard Montmartre, 15

RÉCITS ALGÉRIENS

F. AUREAU. — IMPRIMERIE DE LAGNY

RÉCITS ALGÉRIENS

LE RENÉGAT — L'ARBRE DES TROIS PENDUS — LA BALLE DU COLONEL CLOC — UN JUGEMENT DE KARA-KACH. — UN PIED DANS L'EAU — LE SOC ET L'ÉPÉE —

PAR

FLORIAN PHARAON

PRIX : 3 FRANCS

PARIS
A. PANIS, LIBRAIRE-ÉDITEUR
15, BOULEVARD MONTMARTRE, 15
ET A LA LIBRAIRIE INTERNATIONALE
15, boulevard Montmartre, 15

1871

RÉCITS ALGÉRIENS

LE RENÉGAT

I

LES POMMES DE TERRE

Dans les premiers jours du mois d'avril 184., les Larhat et les Beni-Zioui étaient réunis sur les bords de l'Oued-Hamelin, qui limite à l'ouest le cercle de Cherchell.

Une grande animation régnait parmi cette foule; des groupes s'étaient formés sur les bords de la rivière, à l'ombre des oliviers et des caroubiers qui la bordent.

Aux gestes expressifs, aux éclats de voix, on pouvait supposer qu'une question importante était traitée et que les intérêts de ces deux tribus étaient engagés.

Aux abords d'une grande tente, ornée de tapis et dont les pans relevés formant pavillon semblaient attendre un hôte illustre, un groupe plus nombreux et plus tumultueux que les autres s'arrondissait à l'ombre d'un lentisque gigantesque; il était présidé par les caïds respectifs des deux tribus. — L'attention générale était attirée par un Kabyle à la haute stature qui, le jarret tendu et appuyé sur un long bâton, dominait l'assemblée.

— Des pommes de terre ! exclamait-il, des pommes de terre ! prétexte frivole pour vous créer de nouveaux tributs ! nouveaux moyens pour s'introduire dans l'intérieur de vos tentes. Bientôt, si vous les laissez faire, ces chrétiens viendront vous apprendre à parer vos femmes ! O musulmans ! vous n'avez point de foi; la lâcheté remplace la bravoure. Souvenez-vous que c'est sous le prétexte des pommes de terre que le maréchal Valée a pris Cherchell. Maudit légume ! et maudits seront ceux qui le cultiveront et qui en mangeront !

— Voyons, Ali, dit un des caïds, tu t'emportes et tu ne raisonnes pas ; certainement je ne puis être accusé d'être un ami des Français, je les ai combattus jusqu'à mes dernières cartouches et sous leurs balles mes deux fils ont trouvé le chemin du ciel.

— Que Dieu les ait en sa miséricorde ! murmura l'assistance.

— Et que la miséricorde de Dieu soit sur vous ! répondit poliment le caïd. Eh bien ! cependant, répéta-t-il, je me suis soumis franchement à eux. — Pourquoi ?

Parce que le Français est le roi de l'époque, la force du temps; c'est Dieu qui lui a donné son règne et sa force, et il est impie d'aller contre les décrets de Dieu ; c'est une épreuve qu'il nous a envoyée, il faut la subir ; et la preuve que ce n'est qu'un châtiment passager, c'est qu'il ne nous a pas pas envoyé un ennemi barbare, exterminateur. De quoi nous plaindrions-nous? les impôts sont moins lourds qu'autrefois; celui qui veut la justice la rencontre chez eux. Ils nous ont forcés, il est vrai, à changer nos sentiers en routes; mais qui profite de cette amélioration? n'est-ce point nous? N'allons-nous point vendre nos produits à Cherchell, à Tenez? Autrefois il nous était impossible de voyager l'hiver. Allons, Ali, calme-toi, tu es un bon musulman ; mais attends pour te révolter que l'heure marquée par Dieu soit sonnée.

— C'est vrai ! dit l'assistance.

— Mais les pommes de terre ! les pommes de terre ! exclama Ali.

— Eh bien ! les pommes de terre ! je vais t'expliquer ce que m'a dit notre chef de bureau. Nous étions l'autre jour réunis chez lui tous les chefs du cercle; chacun de nous exposait les besoins des siens, la misère générale, la cherté des céréales, la crainte de la famine. « Mes frères, nous dit-il, si vous voulez suivre mes conseils, vous cultiverez la pomme de terre. Il existe des peuples en Europe qui étaient visités chaque année par la famine; depuis que ce précieux tubercule a été cultivé par eux, elle n'a plus reparu dans leur pays. En France, la pomme de terre est appréciée dans toutes les contrées et se trouve sur toutes les tables, depuis celle du sultan jusqu'à celle du malheureux journalier. » Et, avec cette bienveillance que vous lui connaissez tous, il énuméra le parti que nous pourrions tirer de ce légume, nous autres montagnards qui avons peu de blé et qui sommes obligés de jeûner lorsque manque la récolte des glands doux. C'est pour cela que nous avons été réunis. L'officier adjoint va arriver et il nous montrera la manière de planter la pomme de terre dans les terrains que vous avez préparés. La récolte en sera commune cette année, et l'année prochaine chacun cultivera à son gré.

— Fasse le ciel qu'il n'y ait rien de caché sous ces pommes de terre ! dit Ali en s'accroupissant.

— Les Français ont des ressources pour tout ! dit sentencieusement un individu assis près du caïd et que l'on reconnaissait pour être le cadi à son turban arrondi.

— Si El-Mouchahed était ici, dit le caïd, il pourrait vous dire mieux que tout autre l'utilité de la Batata (1).

— Pourquoi ne vient-il pas à nos réunions ? demanda quelqu'un.

— Parce qu'il ne veut pas se trouver en contact avec ses anciens coreligionnaires.

— Cet homme-là est encore un danger, répliqua le fanatique Ali ; pourquoi a-t-il choisi nos montagnes, pour s'y réfugier ? C'est un renégat, et peut-être que...

— Allons ! tais-toi, Ali, tu ferais battre deux montagnes ; ce converti, que tu appelles à tort renégat, est un excellent homme qui nous est arrivé comme une bénédiction. Il est bon musulman, bon conseilleur, médecin, et nul ne va frapper impunément à sa porte.

En cet instant la vedette que le caïd avait placée au

(1) Nom arabe de la pomme de terre.

sommet d'une colline pour annoncer l'arrivée de l'officier du bureau arabe poussa un cri aigu. A ce signal convenu les deux caïds, tous les grands de la tribu montèrent à cheval et se portèrent à la rencontre de l'officier qui arrivait suivi d'un seul cavalier. A quelque distance derrière lui, on voyait cinq ou six mulets chargés de sacs de pommes de terre, de pelles et de pioches, escortés par une escouade de fantassins; la marche était fermée par le mulet de cantine de l'officier, sur lequel était juché son ordonnance, M. Bobuchon.

En arrivant devant la tente chacun mit pied à terre et cinquante individus se précipitèrent à l'étrier de l'officier pour contre-balancer son poids.

L'officier entra et alla s'asseoir au fond de la tente : les chefs vinrent se ranger autour de lui. Après les saluts d'usage, l'officier exposa le but de sa venue.

— J'espère, dit-il en terminant, que vous vous souviendrez de ma visite, et que plus tard, lorsque vous reconnaîtrez la valeur de la ressource que nous allons vous créer, vous nous remercierez du fond du cœur. En attendant, il faut que vous vous rendiez compte de ce légume. Apportez vos ustensiles et, sous la direction de mon ordonnance, vous allez préparer vous-même des pommes de terre de façon à n'avoir aucune répugnance à les manger.

En France, l'on connaît peu l'organisation des bureaux arabes et la mission des officiers qui y sont attachés. Cette dénomination de bureau implique une idée d'existence sédentaire qui est fausse, car la vie des officiers qui y sont attachés est la vie active par excellence; toujours à cheval, l'officier de bureau arabe transporte journellement, à chaque extrémité de son territoire, toujours fort étendu, son intelligence, sa bravoure et son dévouement.

Cette activité du corps et de l'esprit avait plu au lieutenant de Lerné; fatigué de la vie de garnison, il était entré aux affaires arabes et s'était dévoué à l'instruction de ce peuple tombé dans l'enfance et que notre civilisation cherche à régénérer. Sorti très-jeune de Saint-Cyr, il avait fait les dernières guerres d'Afrique, et après avoir concouru à la conquête, il voulait aider à l'asseoir. C'était d'ailleurs un esprit sérieux, qui ne répugnait devant aucune mission et qui était aussi fier d'introduire une amélioration dans une tribu que d'aller prendre un drapeau à l'ennemi : rien ne lui paraissait petit dans sa tâche, et il traitait avec le même sérieux les questions politiques les plus ardues et les détails les plus infimes de la vie matérielle; il était convaincu, d'ailleurs, que le seul moyen de civiliser les Arabes était de leur créer des besoins.

Il avait eu peu d'illusions dans sa vie : les femmes l'avaient fort maltraité. Il s'était toujours trompé dans ses amours et il se tenait à l'écart de toute relation féminine; il était homme du monde d'ailleurs, et quoique recherchant la solitude il ne fuyait pas la société; aussi cette vie nomade d'officier des affaires arabes lui avait-elle plu dès l'abord : elle lui offrait l'isolement au milieu de la foule.

Aussitôt que de Lerné eut terminé son discours, tous les Kabyles se levèrent et allèrent entourer M. Bobuchon, qui, averti de la mission de haute confiance qui lui était donnée, avait déjà réuni autour de lui une douzaine de Kabyles auxquel il enseignait l'art difficile d'éplucher les pommes de terre.

— Voyez, mes enfants, leur disait-il en joignant la pratique à la théorie, voyez : lorsqu'on rencontre un œil de la pomme de terre, on le contourne délicatement avec la pointe du couteau de façon à enlever le moins de chair possible, attendu que moins on enlève de peau, plus on a de pomme de terre. Avez-vous compris, hein ?

Les Kabyles le regardaient avec leurs grands yeux bleus, ne comprenant rien à ce qu'il disait, mais cherchant à l'imiter.

— Allons ! allons ! il faut être indulgent pour l'enfance, continua Bobuchon, vous allez voir tout à l'heure comment se confectionne le rata, et vous vous en lècherez les babines pendant quinze jours : Vive la joie et les pommes de terre ! Enfoncé le couscoussou !

Lorsque Bobuchon envoya machinalement sa main dans le sac pour en tirer un nouveau tubercule, il sentit le vide : il releva la tête et vit les quatre cents Kabyles présents, caïds en tête, en train d'éplucher des pommes de terre.

— Bravo, les enfants ! la besogne sera vite faite ! s'écria Bobuchon.

Et, montrant les gamelles, les marmites réunies autour de lui :

— Lorsque vous aurez fini d'éplucher, vous les mettrez là-dedans. Bono ! Kabyles ! bono !

Et, se croisant les bras comme un général qui observe les mouvements de son armée, il attendit que l'opération fût terminée.

— Apportez beurre ! exclama Bobuchon lorsque les pommes de terre furent réunies.

Les Kabyles exécutèrent le mouvement en y joignant

du poivre, du sel, du mouton et tous les ingrédïents nécessaires.

Pendant ce temps les hommes de l'escouade avaient creusé vingt fourneaux dans la terre : le feu fut vite allumé et les marmites grésillèrent bientôt. Bobuchon, comme un graisseur de locomotive, jetait dans chaque récipient l'assaisonnement voulu.

— Vous allez voir, mes enfants, tout ce qu'on peut tirer de la pomme de terre surnommée à juste titre, la Mère la Ressource ! Nous avons d'abord la pomme de terre en robe de chambre, à la parisienne, à la barigoule, à la polonaise, à l'anglaise, à la sauce blanche; à la sauce blonde, à la sauce brune, la pomme de terre duchesse, farcie, bouillie, rôtie, en pyramide, en salade, finalement le rata de mouton, et puis le triomphe de la cuisine française : les frites ! ! !

Les Kabyles, groupés autour des marmites, regardaient avec curiosité cette cuisine pantagruéliste; les vapeurs qui s'en élevaient leur apportaient des parfums inconnus. Aussitôt que la cuisine fut terminée, les marmites furent disposées en rond et tous les Kabyles vinrent s'accroupir autour : il y eut un moment d'hésitation dans l'assemblée. Cependant, à un signal donné par les caïds, chacun se hasarda et enleva à la pointe de son couteau un fragment de tubercule. C'était le moment de l'appréciation ; il fut long. Mais à l'empressement qu'ils mirent à retourner au plat, on put juger que la pomme de terre était sortie triomphante de l'épreuve.

Ali le fanatique n'était pas le moins empressé à puiser dans tous les plats pour se rendre compte de la valeur des pommes de terre sous toutes leurs formes.

Lorsque le repas fut terminé, les chefs se dirigèrent

vers la tente de l'officier, et les Kabyles allèrent entourer M. Bobuchon pour lui demander les renseignements nécessaires pour préparer le précieux légume.

Bobuchon, qui n'avait jamais rêvé un pareil triomphe, leur donnait, avec l'aide du chaouch de l'officier, toutes les recettes à lui connues; dans le feu de la démonstration il en inventa même de nouvelles, entre autres les pommes de terre à la béni-zoug-zoug, mélange incalculé de poivre, de piment, d'oignons et d'ail.

Pendant ce temps, de Lerné écoutait les appréciations des chefs indigènes; tous d'ailleurs étaient unanimes sur l'excellence du tubercule et sur les services qu'il était appelé à rendre parmi des populations qui, pendant une partie de l'année, ne se nourrissent que de glands doux.

La satisfaction était générale et le but proposé était ateint; la naturalisation de la pomme de terre était accordée dans cette partie de la Kabylie. Aussi les Kabyles prêtèrent-ils une grande attention au plantage qu'exécutaient les soldats et mirent-ils le grand empressement à les imiter; bien avant la fin du jour, tous les terrains préparés étaient ensemencés.

De Lerné s'occupa de l'expédition des affaires locales; quant à Bobuchon, il était obsédé par les Kabyles, qui demandaient tous des pommes de terre pour emporter dans leur tente.

— Vous êtes tous des carottiers, disait Bobuchon; vous comprenez que si je vous donne seulement à chacun deux pommes de terre, il n'en restera plus demain pour planter chez les Beni je ne sais qui.

L'insistance devenait tellement grande que Bobuchon jugea à propos d'en référer à de Lerné.

— Mon lieutenant, dit-il, les Kabyles demandent chacun des pommes de terre, pour faire goûter à leurs moukères.

— Distribues-en, répondit de Lerné ; donne seulement l'ordre au brigadier du train d'envoyer un exprès à Cherchell pour en chercher d'autres.

Bobuchon retourna vers la cuisine, ouvrit un sac et distribua trois pommes de terre par figure, comme il disait.

Ali le fanatique se présenta plusieurs fois pour avoir une plus grosse part.

II

LE FANATIQUE

L'habitation du Mouchahed était bâtie sur un promontoire qui dominait toute la vallée de l'Oued-Hamelin : elle était adossée à un rocher gigantesque dans les interstices duquel des chênes séculaires avaient tordu leurs racines annelées ; des autres côtés elle était défendue par la falaise, dont la pente raide et aride allait se perdre dans le fouillis verdoyant d'un ravin au fond duquel on entendait le clapotement joyeux d'un ruisseau. On y arrivait par une rampe abrupte, bordée de cactus aux palettes hérissées. Cette habitation se composait de quelques gourbis couverts en *diss* et d'une petite maisonnette, dont la toiture en tuiles rougeâtres se détachait sur le fond sombre des chênes.

Nous l'avons dit, cette habitation dominait la vallée,

aussi ne tarda-t-elle pas à attirer l'attention de Lerné qui chevauchait à la tête de tous les Kabyles.

— Quelle est cette maison? demanda-t-il au caïd des Larhat.

— C'est la demeure d'El-Mouchahed.

— Quel est cet homme?

— C'est un homme de bien, répondit laconiquement le caïd.

— Mais encore, d'où vient-il?

— Je n'en sais rien.

— Je crois que c'est un de vos déserteurs, insinua méchamment le fanatique Ali, qui marchait à la botte de l'officier.

— Je ne le crois pas, répondit le caïd, attendu qu'il est arrivé ici après la guerre et qu'il est riche. Un déserteur n'eût certes pu faire construire dès l'arrivée une telle maison. D'ailleurs, quel qu'il soit, c'est un homme de bien que je vois avec plaisir dans mon pays.

— Cela suffit, dit l'officier, nous ne poursuivons que les mauvais sujets.

— Arrière, Ali, dit le caïd au fanatique qui marchait à côté de l'officier, arrière, le chemin devient étroit et tu as déjà effrayé plusieurs fois le cheval du lieutenant avec ton burnous.

En effet, la route s'engageait en cet endroit de la montagne et se rétrécissait en un sentier raboteux et tortueux qui grimpait en serpentant au sommet du dernier contrefort de l'Atlas dont le pied se baignait dans la mer.

Pour quiconque n'a pas voyagé en pays kabyle, il est difficile de se rendre compte de la hardiesse de ces sentiers frayés par le pied des hommes seulement; des abîmes profonds les bordent dans tout leur parcours, et les chevaux arabes seuls sont capables d'en suivre les méandres périlleux.

Ali le fanatique précédait l'officier.

— *Ched rouhak!* tiens-toi bien! dit-il à l'officier arrivé dans un endroit très-étroit et à pic sur le ravin; et en même temps, prenant son élan, il franchit une petite fondrière formée par un filet d'eau qui coupait le sentier. Soit fatalité, soit calcul de la part d'Ali, en prenant son élan les pans de son burnous rejeté en arrière vinrent frapper le visage du cheval de de Lerné; l'animal fit un bond de côté et s'abîma avec son cavalier dans le ravin. On entendit un cri et le craquement des branches de thuya qui se brisaient sous le poids des deux corps.

— Sidi-Abdallah! exclama le caïd en recommandant par la pensée l'officier au saint marabout patron des cavaliers et amortisseur des chutes. Malheureux! qu'as-tu fait? ajouta-t-il en s'adressant à Ali.

— C'en est un de moins! répliqua flegmatiquement le fanatique.

En un instant tous les Kabyles de la suite étaient arrivés au fond du ravin.

Le cheval s'était tué sur le coup. Quant au cavalier il respirait encore : le caïd le fit transporter immédiatement chez le Mouchahed.

En même temps un cavalier partait pour Cherchell et allait prévenir le chef du bureau arabe de l'accident qui venait d'arriver.

Celui que l'on désignait sous le nom d'El-Mouchahed pouvait avoir une trentaine d'années : c'était un homme d'une moyenne taille, à la figure intelligente encadrée dans une barbe blonde. A la rumeur que firent les Kabyles, El-Mouchahed était sorti de son gourbi ; en apercevant l'officier porté à bras, il devina un accident.

— Qu'est-il arrivé ? demanda-t-il au caïd qui précédait le convoi.

— Un grand malheur pour nous, répondit celui-ci, l'officier est tombé dans le ravin : fasse le ciel qu'il ne soit pas blessé mortellement. Soigne-le bien, je t'en prie.

Pendant ce temps, les Kabyles avaient apporté le corps inanimé de l'officier dont la bouche écumait de sang.

El-Mouchahed examina le blessé : il reconnut qu'il n'y avait aucune fracture apparente ; une lésion interne seule pouvait avoir quelque gravité.

— Allons, mes enfants, dit-il aux Kabyles, retirez-vous, le blessé a besoin de calme et de silence.

Lorsque la foule se fut écoulée, El-Mouchahed se trouva seul avec le caïd et Bobuchon.

— Allons, mon ami, dit-il à ce dernier, aidez-moi à transporter le lieutenant dans ma chambre.

— Tiens, dit avec étonnement Bobuchon, tu parles joliment le français pour un Kabyle ?

— Oui, mon ami ; nous causerons de cela plus tard : pour le moment, il faut du silence.

Et prenant l'officier sous les aisselles, il le transporta, avec l'aide de Bobuchon, dans la maisonnette dont nous avons fait la description.

On étendit de Lerné sur un divan. El-Mouchahed examina plus attentivement le blessé. Sous l'impression de l'eau froide, avec laquelle il lavait son visage, l'officier reprit une partie de ses sens, il entr'ouvrit un instant les yeux, et sa respiration, arrêtée jusque-là, reprit régulièrement son cours.

— Il ne lui faut plus que du repos maintenant, dit Mouchahed en tirant d'épais rideaux en soie qui plongèrent la chambre dans une demi obscurité.

Quant à vous, chasseur, ajouta-t-il en s'adressant à Bobuchon, restez sur le seuil de la porte, et aussitôt le réveil de l'officier, venez me chercher ; je vais m'accroupir sous le figuier qui est dans la cour.

Après quelques heures de repos, de Lerné se réveilla ; il ne se rappelait que confusément l'accident qui venait de lui arriver. Encore étourdi de sa chute, il ne se rendit pas compte du lieu où il était. En entr'ouvrant les yeux dans la demi obscurité qui régnait dans la chambre, il distingua un grand cadre doré recouvert d'un crêpe, des armes appendues aux murs, dans un coin un bahut sculpté ; une tenture d'étoffe recouvrait les murs et un épais tapis du Sud à la laine frisotée s'étendait sur le sol.

Peu à peu ses esprits revinrent et ses membres endoloris le rappelèrent à la réalité.

— Où suis-je ? dit-il à haute voix.

— Voilà, mon lieutenant, dit Bobuchon qui était aux aguets, et, soulevant la portière qui masquait l'entrée, il s'approcha de l'officier.

— Où suis-je ? répéta de Lerné.

— Ah ! je n'en sais rien, mon lieutenant, nous sommes chez un drôle de paroissien qui parle le français comme vous et moi. Vous sentez-vous mieux ? Quelle chute vous avez faite ! je vous croyais tué.

A cet instant deux coups discrètement frappés à la porte annoncèrent l'arrivée d'un nouveau personnage.

C'était El-Mouchahed.

— Comment va le lieutenant? demanda-t-il en s'adressant à l'ordonnance.

— Beaucoup mieux, répondit l'officier.

— Ah ! tant mieux, dit-il. Vous ne ressentez aucune douleur dans la poitrine?

— Non.

— L'abdomen n'est pas douloureux? ajouta-t-il en appuyant sur le ventre de de Lerné.

— Non ; sauf une grande lassitude dans tout le corps, je me sens très-bien.

— La chute que vous avez faite était terrible, et il est providentiel que vous n'ayez pas plus de mal.

— Et mon cheval ?

— Votre cheval a été tué sur le coup, mon lieutenant, dit Bobuchon.

— Pauvre bête ! fit de Lerné.

— Il vous faut encore du repos, dit le renégat qui avait pris la main de l'officier ; votre pouls annonce un peu de fièvre.

— Je me sens très-bien, dit de Lerné ; et s'adressant à son chasseur : Sortez, Bobuchon, je vous appellerai lorsque j'aurai besoin de vous.

— Permettez-moi, monsieur, dit-il en se tournant vers El-Mouchahed, de vous exprimer tout mon étonnement de rencontrer un compatriote dans ces montagnes kabyles. J'ai reçu votre hospitalité et vous pouvez vous confier à moi, quelle que soit la faute qui vous ait conduit à chercher un refuge dans ces montagnes.

A ce soupçon émis naturellement, El-Mouchahed se leva comme poussé par un ressort, et se dirigeant vers la croisée, il en tira vivement les épais rideaux : un flot de soleil inonda la chambre et vint éblouir les yeux de l'officier.

— Lieutenant, dit El-Mouchahed en indiquant du doigt le cadre recouvert d'un crêpe au-dessous duquel était un globe de cristal qui protégeait un bouquet fané, lieutenant, ce n'est point une faute qui m'a fait fuir les hommes, c'est une grande douleur qui m'a fait rechercher l'isolement. Ce crêpe que vous voyez ne recouvre pas seulement les traits d'un objet aimé, il est également étendu sur mon cœur. Je vous excuse, monsieur, ajouta-t-il d'une voix grave. Vous autres soldats, vous ne voyez dans tout Européen qui habite les tribus qu'un déserteur ou qu'un paria.

— Monsieur, je vous demande pardon, dit de Lerné, si je me suis trompé, mais mon erreur était permise...

El-Mouchahed se recueillit un moment, passa silencieusement la main sur son front, puis se tournant vers l'officier :

— Vous m'avez vivement blessé, monsieur ; pour éloigner vos soupçons injurieux, je n'ai qu'à vous dire mon histoire ; peut-être regretterez-vous d'avoir éveillé de douloureux souvenirs dans le cœur d'un honnête homme.

— Mais... fit de Lerné.

— Vous avez provoqué mes confidences, interrompit El-Mouchahed, écoutez-moi :

III

UN PREMIER AMOUR.

J'appartiens à une honnête famille, respectable et respectée, famille de paysans ennoblis par le labeur. Je suis né dans le fertile et beau pays du Périgord, auprès de Bergerac. Mon père, Jacques Ferrade, possédait le domaine le plus vaste de la contrée, domaine arrondi par chaque génération et conquis par le travail. Chaque parcelle de terre portait le nom du conquérant et formait un quartier de cet écusson territorial dont la devise était : Travail et probité.

Mon père, qui toujours s'était senti content de ce qu'il possédait, que jamais n'était venu troubler le fatal esprit de chimère, me réservait cette vie facile du riche agriculteur, la mieux remplie et la moins agitée de toutes les existences.

Mais, plus ambitieuse et fière de ces éclairs d'intelligence qui brillent dans les cerveaux enfantins et que les parents prennent pour les symptômes du génie, ma mère voulut faire de moi un avocat, un notaire ou un prêtre, car son orgueil maternel était aussi doublé de fierté.

Mon père hésitait. Mais elle était femme et mère, elle triompha. On me mit au collége.

Mes années de collége se passèrent comme toutes les années de collége ; je travaillais le moins possible, et j'aspirais pendant dix mois aux soixante-cinq jours de vacances : époque ennuyeuse et détestable, que chacun vante pourtant, lorsque les années et les luttes de la vie ont rendu plus cher et presque brillant ce passé dont le souvenir semble doux à côté des souffrances et des déceptions du présent. Alors on remonte vers ces années depuis longtemps écoulées pour y chercher les premières émotions naïves et charmantes, et pour y retrouver le souvenir d'espièglerie que l'on évoque avec une sorte de joie enfantine, pour prouver combien on était agile, si l'on est devenu obèse, combien on savait rire et causer, et combien on était gai si les douleurs et les amertumes vous ont lentement rendu triste et silencieux.

Je me souviens encore avec joie du jour où je sortis enfin de ce collége, où, je vous le jure, j'avais bien souffert. J'arrivai à cheval chez mon père.

Il m'attendait. Je le vis venir à moi, me tendant les bras. Ma mère le suivait et ma sœur aussi, ma pauvre petite sœur, qui était alors un enfant de six ans.

— Ah ! Gérard, me dit alors ma mère, tu nous reviens donc enfin ?

— Et pour ne plus vous quitter, répondis-je.

On m'accablait de questions, on m'entourait. Les métayers et les domestiques venaient me faire fête. Il n'était pas jusqu'au bon *Caressant*, mon chien, qui ne saluât mon retour.

J'étais bachelier.

Ma mère le répétait à tout le monde.

— Bachelier! Entendez-vous, vous autres! mon Gérard est bachelier!

On m'eût subitement élevé au grade de général qu'elle n'eût pas été plus fière.

Le soir même de mon arrivée, mon père me prit par le bras et me dit :

— Veux-tu faire avec moi un tour de jardin, fils?

Nous sortîmes.

Le soir venait. Je me sentais tout heureux de respirer cet air embaumé de la campagne.

— Gérard, me dit mon père, te voilà un homme. Tu es instruit, tu as dans ta main l'instrument d'une fortune. Mais il faut te décider à t'en servir promptement. Tu n'es point paresseux, je le crois, je le sais. Mais à ton âge on se laisse aller à une inaction qui devient une cause de ruine si elle se prolonge. Prends donc décidément ton parti. Demeure avec nous, sois un laboureur, comme ton père, ou vas à la ville exercer le métier d'avocat. Je ferai pour toi encore, mon garçon, tout ce qu'il faudra. Vois à te décider.

— Je suis tout décidé, répondis-je. Je cultiverai mes champs comme vous.

Un éclair de joie passa dans les yeux de mon père.

— Tu ferais cela? dit-il.

— J'aime la campagne, le sain labeur des champs,

le grand air, cette bonne odeur de foin coupé que le vent nous apporte. Père, lorsque je vois un ciel splendide comme celui-ci, lorsque j'entends, comme maintenant, cette chanson de pâtre qui semble s'éloigner à mesure que le soleil se couche, je me sens transporté, je suis heureux. Je me dis que le bonheur est dans ce calme, dans cette paix, dans ce travail recueilli, dans ce logis où vit ma mère, où vous êtes né, mon père, et que c'est là que je dois vivre, à vos côtés !

— Ah ! s'écria mon père, tes paroles me font du bien. Vois-tu, je suis de ceux à qui la ville fait peur. On y va pour y passer seulement, on y reste, on y meurt. J'ai pour ces amas de maisons la terreur qu'aurait un sauvage. J'ai toujours vécu ici, au milieu de mes champs, que j'ai améliorés par mes soins, étendus par mon travail. Ce que tu vois dans ce ciel, je ne le vois pas. Mais je comprends que la santé est au milieu de l'espace libre et de l'air pur. Tu resteras avec nous, Gérard. Va, tu seras heureux. Ta mère t'adore et je t'aime bien. Tu verras grandir sous tes yeux ta sœur qui deviendrait une étrangère si tu allais vivre loin de nous. Ton instruction ? mais elle te servira. J'ai plus d'une fois regretté de n'en pas savoir assez long sur toutes choses. Tu appliqueras ta science à ton métier d'agriculteur. Mon bon Gérard, j'avais peur de te perdre. J'en ai tant vus de nos fils aller s'engouffrer à Paris et n'en plus revenir. L'ambition, me dis-je, le perdra comme les autres. Non. Eh bien ! embrasse-moi, tu es un brave cœur.

Ma mère regretta bien un peu ma décision. Quoi ! je ne serais ni avocat ni curé, moi si instruit !

Elle me gardait, il est vrai, auprès d'elle. Consolation suprême pour l'excellente femme. Elle se consola d'ailleurs en se disant ceci :

— Bast ! il sera bientôt maire de la commune.

Je m'installai donc aux Gleyrières, ainsi s'appelait le domaine de ma famille. Je jetai bas l'habit léger du citadin et j'endossai la veste du campagnard. J'étais bien heureux.

Ma nature avide d'espace était à l'aise dans ce vaste cadre de prés, de champs et de forêts.

Je me levais avec le soleil, je surveillais les travailleurs, je courais la plaine dès l'aurore, le fusil sur l'épaule. J'aspirais l'air vivifiant à pleins poumons. Je marchais au grand soleil.

Encore une fois, j'étais libre et j'étais heureux.

Non loin de la propriété de mon père se trouvait le château de Niérac. C'est une sorte de manoir féodal qui fait, au milieu de nos villages, l'effet d'un anachronisme.

La famille de Niérac est une des plus anciennes du pays. Un baron de Niérac combattit aux côtés de Godefroy de Bouillon, nous disent les chartes de la famille. Je ne sais pas beaucoup de maisons, même parmi les plus illustres, qui remontent aussi authentiquement aux croisades.

M. de Niérac avait toujours eu d'excellents rapports avec mon père qu'il aimait beaucoup. C'était un excellent homme affligé d'une morgue qui devenait souvent choquante. Du reste, un chevalier dans la plus noble acception du mot, et réellement l'honneur même.

Je lui fus présenté dès mon arrivée dans le pays. Il me reçut avec une affabilité pleine de réserve. Nous causâmes de choses et d'autres. Il vanta légèrement le passé au détriment du présent. Je soutins, pour la forme, la thèse contraire, et je le laissai, je crois, enchanté de moi. J'étais enchanté de lui.

Comme j'allais me retirer, j'aperçus, venant à moi par les allées du jardin, une jeune fille, la grâce et la beauté même. Je m'arrêtai avec une expression admirative qui la fit rougir.

A son tour elle s'arrêta.

Je la saluai profondément, et elle me rendit mon salut avec un certain étonnement. J'aurais voulu lui parler. Elle demeurait immobile devant moi comme si elle avait eu quelque chose à me dire Nous étions assez embarrassés l'un et l'autre, lorsque j'entendis la voix de M. de Niérac qui appelait :

— Marcelle.

La jeune fille aussitôt me salua de nouveau et rentra en courant. Je demeurai stupéfait. Je croyais sincèrement avoir eu une vision.

En entrant aux Gleyrières, je demandai aussitôt :

— M. de Niérac a donc une fille?

— Tu ne le savais donc pas? dit mon père.

— Non.

— Tiens? Et c'est une fille charmante qui plus est, belle comme le jour, à la vérité.

— Je le sais,

— Comment cela?

— Je l'ai vue.

— Et tu me dis que tu ne la connais pas.

— Je l'ai vue sans la connaître, répondis-je un peu troublé. Ne se nomme-t-elle pas Marcelle ?

— Marcelle, justement, dit mon père, qui n'ajouta plus mot.

Sans savoir pourquoi, de mon côté je demeurai silencieux. Je rêvais. Je songeais à Marcelle. Eh quoi! déjà? Oui, sans doute, je n'avais jamais aimé, j'étais jeune. La moindre apparition devient alors un idéal, fût-elle laide et parfois — voyez Chérubin — vieille comme la duègne Marceline. Or, Mlle de Niérac était jeune et belle.

De longs cheveux blonds encadraient son visage doux et pur. Elle avait de grands yeux bleus d'une limpidité charmante ombragés de cils soyeux. Sa bouche petite, rieuse, possédait ces coins séduisants, ces nichées d'amour dont parle Jean-Jacques. Elle avait plus que la beauté; elle avait le charme. Je la revis bien souvent dès ce jour. Elle faisait presque quotidiennement, accompagnée par M. de Vaudreuil, son oncle, qui habitait aussi le château de Niérac, des promenades à travers bois.

Je savais les endroits qu'elle parcourait, les sentiers qu'elle préférait, les lieux où elle faisait halte.

Je prenais mon fusil, je sifflais mon chien, je partais pour la chasse. et un gibier imaginaire me ramenait inévitablement vers les coins du bois où je savais rencontrer Marcelle.

Alors nous causions.

M. de Vaudreuil n'était pas un témoin gênant, ni un auditeur indiscret.

M. de Vaudreuil était le type le plus accompli du bibliomane qui se puisse rencontrer. Il passait sa vie à lire, relire, annoter les livres de sa bibliothèque. Il regrettait bien souvent de n'habiter point Paris pour collectionner les raretés bibliographiques qui se vendent chaque jour rue des Bons-Enfants, aujourd'hui à l'hôtel des commissaires-priseurs et ailleurs.

A Paris, M. de Vaudreuil eût passé sa vie à fureter les boîtes des bouquinistes sur les quais.

A la campagne, il s'occupait à traduire les uns après les autres tous les classiques latins qu'il possédait.

Il avait alors achevé Virgile, Horace, Térence et bien d'autres. Il s'occupait de Cicéron, et pendant que nous causions, assis sur l'herbe, lui, à nos côtés, continuait sa traduction de l'*Art oratoire* ou des *Catilinaires*. J'étais bien heureux chaque fois que je voyais Marcelle. Pour tout dire, je l'aimais, je l'aimais moins avec la fougue d'un premier amour qu'avec la force profonde d'un sentiment plus réfléchi.

Elle était tout pour moi, l'avenir, le bonheur, la vie; elle était l'amante rêvée, l'ange espéré, mieux que cela, la sainte compagne et l'épouse fidèle que je souhaitais à mon foyer.

Je ne réfléchissais pas, lorsque je faisais de pareils rêves, à la distance qui me séparait d'elle. Je l'aimais, elle devait être à moi. Tel est le raisonnement de la passion. Un amoureux est un fou. Que demander à la folie?

Je ne négligeais cependant point mes travaux des champs. Mon père était heureux et fier de moi.

Il ne savait rien, et ma mère, si attentive, n'avait point deviné mon secret. Hélas! elle devait mourir sans le connaître.

La maladie entra dans notre logis. En quelques jours, elle me prit ma mère. Ce fut pour moi un coup terrible; pour mon père, un coup mortel.

Il s'alita à son tour, se releva, retomba malade et mourut aussi.

Je crus que j'allais devenir fou. De toute ma famille il ne me restait à présent que ma pauvre petite Berthe, ma sœur! Quoi! en moins d'un an j'étais orphelin, isolé ainsi! Marcelle était là, qui essayait de me consoler. Mon Dieu, faut-il le dire? je ne l'en aimai que davantage, avec une sorte de rage. Je me rattachais à cet amour, qui seul me restait, comme le naufragé à la planche de salut.

— Ils sont partis! disais-je quelquefois en pleurant. Ah! que Marcelle et Berthe me soient conservées!

J'avais mis ma sœur en pension à Périgueux. Je restais seul aux Gleyrières, — seul dans ce morne logis, si bruyant et si gai huit ans auparavant.

J'allais quelquefois au château de Niérac.

M. de Niérac m'aimait.

— Venez souvent, disait-il.

Un jour en entrant, je vis dans le salon du château une figure nouvelle.

Un jeune homme était là que je ne connaissais pas.

M. de Niérac me le présenta.

— M. Paul de Moisset, dit-il, le fiancé de Marcelle

Et il ajouta, parlant au jeune homme:

—M. Gérard Ferrade, un de nos bons amis, marquis.

Mais je n'entendis que bien confusément ces dernières paroles.

Mes oreilles bourdonnaient, mes yeux se troublaient.

Je m'assis pour faire bonne contenance, j'étouffais.

Quelques minutes après, je me retirai, prétextant un malaise.

— Restez au château, Gérard, dit le baron. Voyons, vous êtes chez vous, ici!

Je remerciai et m'éloignai.

Marcelle eut le temps de me dire, tout bas;

— Du courage!

Je la regardai.

Elle était pâle et avait pleuré.

En rentrant aux Gleyrières, je me jetai écrasé sur mon lit.

J'avais besoin de pleurer, de crier, je souffrais.

Ah ! tout était fini pour moi, et j'étais, hélas ! bien malheureux.

IV

LA FIN DU ROMAN

Ainsi donc, c'en était fait ! Il fallait dire adieu à mes espérances, le rêve était fini, debout ! Le réveil, après le songe... Mon Dieu, quel terrible réveil !

Tout s'était écroulé de ce que j'avais bâti de mon bonheur futur. Félicité humaine, n'es-tu pas trop souvent construite sur le sable, et le moindre coup de vent ne peut-il pas t'emporter soudain ?

La nuit qui suivit cette journée fut terrible.

Les douleurs passées revinrent à mon chevet, comme les cauchemars, et cette maison maudite que le malheur habitait m'effraya.

Dès le jour, je sortis.

Caressant marchait devant moi, morne aussi de ma tristesse.

J'avais pris, par hasard, un livre.

Il faisait beau. Je l'ouvris tout en marchant.

Un volume de vers!

Et je lus en tressaillant :

J'espérais bien pleurer, mais je croyais souffrir,
En osant te revoir, place à jamais sacrée,
O la plus chère tombe et la plus ignorée
Où dorme un souvenir!

Les voilà, ces coteaux, ces bruyères fleuries,
Et ces pas argentins sur le sable muet,
Ces sentiers amoureux, remplis de causeries,
Où son bras m'enlaçait.

Je m'arrêtai.

Cette douleur du poëte était ma douleur même.

L'endroit où je me trouvais, c'était le petit bois où Marcelle, avec moi, s'était assise. Oui, je la revoyais souriante. Elle était ici. Moi, à ses côtés. Là, M. de Vaudreuil.

J'avais alors des pensées de rage; mon chien, me regardant avec son gros œil étonné, semblait me demander :

— Qu'as-tu donc?

Je revins au logis.

Les domestiques m'attendaient.

— Vous êtes demeuré longtemps à la chasse, notre monsieur, me dit la servante.

— Oui, répondis-je.

— Le déjeuner vous attend?

— Je n'ai pas faim.

Une fois elle me dit :

— Savez-vous que Mlle Marcelle se marie ?

— Qui vous l'a dit?

— Jeantoux, le métayer de M. le baron.

— C'est bon, je le savais.

Je devenais brusque, colère, mauvais.

Je n'allais plus au château de Niérac. Non.

Et cependant j'aurais voulu revoir Marcelle.

Un matin, le baron arriva lui-même aux Gleyrières.

— Je venais voir si vous étiez malade, me dit-il.

— En effet, j'étais malade, dis-je.

Il me fit encore quelques questions que j'essayai d'éluder.

Mais, comme il restait, je résolus de tenter un effort pour m'assurer si mon malheur était complet.

— Monsieur le baron, lui dis-je, c'est un secret que je vais vous confier, et vous seul peut-être pouvez me répondre. Je suis amoureux (il fit un soubresaut), et d'une jeune fille que je ne puis espérer épouser.

— Comment cela?

— Je m'appelle Gérard Ferrade, et mon père était un fermier. Elle est noble, et son père porte un grand nom.

— Qu'importe ! dit le baron, la vraie noblesse est celle de l'âme.

Je poussai un grand cri.

— Eh ! quoi ! dis-je, vous croyez que sa naissance ne serait pas un obstacle... vous croyez ?

— Vous êtes un honnête homme, Gérard. La droiture est aussi un parchemin.

J'étais fou.

J'oubliai ce qui s'était passé les jours précédents.

Je ne songeais plus au marquis de Moisset. Je croyais

que c'était un rêve, et que le présent seul était la réalité.

— Ah ! m'écriai-je, je suis bien heureux, c'est mademoiselle de Niérac que j'aime.

Le visage sévère du marquis arrêta cet élan de joie.

— Ah ! oui, murmurai-je... c'est vrai !...

Malheureux !

— Marcelle, dit M. de Niérac, est la fiancée de M. le marquis Paul de Moisset, qui a ma parole.

— Monsieur le baron, dis-je en me contenant, je vous demande pardon. C'est un moment d'égarement.

— Gérard, répondit-il, ne tentez jamais la conquête de l'impossible !

— Ah ! je l'avais bien dit, m'écriai-je quand il fut sorti, je l'avais bien dit que tout est perdu.

Cet entretien m'attrista d'ailleurs davantage.

La réponse du baron m'avait fait entrevoir le ciel, et je retombais soudain dans l'enfer.

Un moment je voulus mourir.

Mais ma nature vivace reprit bientôt le dessus. Ma fermeté première reparut.

Au milieu de ces malheurs successifs, j'avais un instant faibli, mais enfin, rassemblant mes forces, je m'écriai fièrement comme Ajax :

— J'en échapperai, malgré le destin !

Je revis Marcelle.

Elle se montra froide et réservée.

J'avais tant de choses à lui dire ! Pourquoi ne me montra-t-elle pas qu'elle les voulait bien écouter ?

Peut-être sa froideur était-elle factice.

Je ne sais.

Mais j'étais venu à elle avec mille paroles chères sur les lèvres, et je la quittai sans les avoir prononcées.

Les fiançailles devaient avoir lieu quelques jours après.

— Allons ! me dis-je, décidément je suis de trop ici.

Je mis en état la fortune que m'avait laissée mes parents, j'en pris une faible part et abandonnai le reste à ma petite sœur.

Et le jour même où se célébrait le mariage de Marcelle avec le marquis de Moisset, je mettais le pied sur le navire la *Caravane*, en partance pour l'Afrique.

Ce que je suis devenu, vous le voyez. Pour elle, je n'ai jamais entendu prononcer son nom.

Elle m'a peut-être oublié ?

J'y songe toujours.

Dieu veuille qu'elle ait trouvé ce bonheur qu'elle m'avait fait entrevoir et que le sort m'a si brusquement arraché.

V

LE CAPITAINE MOREAU

— Pauvre Gérard, dit de Lerné lorsque le renégat eut achevé son récit.

— Appelez-moi Mouchahed ; Gérard est mort, dit le renégat.

— Vous devez bien souffrir?

— Non, c'est fini ; ma pensée se reporte avec mélancolie vers mes premières années et le souvenir de Marcelle me visite souvent, comme celui de mon père et de ma mère, drapé dans un linceul. Tout est mort pour moi.

— Pardonnez-moi mes soupçons.

— Ils étaient légitimes... et maintenant que vous connaissez mon histoire, lieutenant, je ne vous demande qu'une seule grâce, c'est de régulariser ma position au milieu de cette tribu, pour qu'à l'avenir je ne sois pas obligé d'évoquer ce passé dont je ne veux plus me souvenir.

— Je ferai tout ce que vous voudrez.

— Eh bien, alors, nommez-moi cheik de ma fraction, cette petite fonction de maire de la commune me mettra à même de faire quelque bien... et satisfera mon ambition, ajouta El-Mouchahed, sur les lèvres duquel vint errer un triste sourire.

— Soit, bien volontiers, dit de Lerné, et aussitôt ma rentrée à Cherchell je vous enverrai votre burnous d'investiture.

Ils furent interrompus dans leur conversation par le bruit d'une fusillade que répercutaient à l'infini les échos de la vallée.

Le renégat ouvrit la fenêtre et il aperçut une foule de gens à cheval, qui entouraient un officier français en faisant la fantasia suivant l'usage arabe.

— C'est le capitaine, chef du bureau arabe de Cherchell, dit-il.

— Ce brave Moreau, dit de Lerné, il m'aura cru mort.

De Lerné essaya de se lever pour aller à la rencontre de son chef, mais il ne put y parvenir.

Quelques instants après, le capitaine Moreau entrait précipitamment, l'anxiété peinte sur le visage, dans la chambre où reposait de Lerné.

— Sors ! dit-il au Mouchahed d'un ton impérieux.

— Qu'il reste, interrompit de Lerné.

— Ah ! fit d'un air étonné le capitaine, quel est donc ce privilégié ?

El-Mouchahed se leva et sortit discrètement.

— Ce cadre renferme le portrait d'une femme aimée,

dit de Lerné ; notre hôte est un désespéré qui est venu cacher sa douleur en pays kabyle.

Et en deux mots de Lerné mit le capitaine Moreau au courant de la situation.

— Elle est assez curieuse, votre histoire, dit le capitaine Moreau. Vous m'en reparlerez ; pour le moment il s'agit de votre Kabyle et de prouver à ces braves montagnards que nous ne sommes pas la dupe de leur maladresse accidentelle.

— Vous croyez, capitaine?...

— Mais j'en suis parfaitement sûr, le fanatisme est le plus malin des inspirateurs et je suis certain que c'est un dévot musulman qui voulait envoyer en enfer une âme de chrétien pour qu'au jour de la rétribution elle lui comptât parmi les pierres blanches qui doivent lui faire traverser le Sirath sans perdre l'équilibre. Eh bien ! continua le capitaine en s'adressant au caïd qui entrait suivi de Mouchahed, où est le Kabyle ?

— Quel Kabyle ?

— Tu sais bien de qui je veux parler, du Kabyle qui est cause de l'accident.

— Ah ! le Kabyle ! dit d'un ton surpris le caïd, ce pauvre malheureux qui a failli coûter la vie à notre cher adjoint... je ne sais pas... mais si tu le désires je vais le faire chercher.

— Immédiatement, dit d'un ton sec l'officier.

Le caïd sortit aussitôt et alla rejoindre un groupe d'indigènes qui se tenaient à distance de la maisonnette.

— Mes enfants, leur dit-il, le capitaine ne plaisante pas ; il m'a parlé avec des paroles raides ; qu'on amène Ali.

— Mais, seigneur, hasarda d'un ton suppliant un assistant.

— Ma tête vaut mieux que la sienne, dit le caïd; pour vous et pour moi, ajouta-t-il d'un air dolent.

— C'est écrit ? demanda un goumier.

— C'est écrit ! exclama le caïd en levant les yeux vers le ciel.

— Eh bien ! allons le chercher, dit résolûment le goumier.

Cinq à six indigènes se détachèrent du groupe et se jetèrent dans le ravin à pic, s'affalant après les arbustes comme les matelots après les cordages.

En un clin d'œil ils furent au fond du ravin dont nous avons déjà parlé; l'un d'eux, après avoir rempli ses poumons d'air, poussa un cri bizarre dans lequel le nom d'Ali se trouva modulé d'une certaine façon.

Aussitôt l'on vit la broussaille s'agiter et Ali en sortir dans l'attitude d'une bête fauve.

— Qu'y a-t-il ? demanda-t-il.

— Il y a, dit le goumier, que le capitaine est un vieux chacal et que nous sommes obligés de venir t'arrêter.

— Ah ! fit Ali, et que pensez-vous qu'il me fasse ?

— Il te mettra à l'amende.

— Si ce n'est que cela, je suis prêt.

— Ne vous y trompez pas, vous autres, dit un Kabyle, le capitaine est un malin qui connaît toutes nos ruses et je suis sûr qu'il ajoutera à l'amende une forte bastonnade.

— C'est moins agréable, dit Ali ; cependant je suis prêt encore à suivre.

— Pour sûr, il te fera couper le cou, dit un troisième personnage.

— Vraiment?

— Aussi vrai que les oiseaux font leurs nids au printemps : tu es connu ; on sait qui tu es, et par Sidi-Abdallah ! je suis sûr que le chrétien profitera de cette occasion pour se débarrasser d'un tueur de *roumis* ; tu payes mal tes impôts, tu es récalcitrant aux corvées, et chacun sait que tu as la main rouge.

— Si vous croyez cela, je ne me soucie pas d'aller avec vous.

— Réfléchis, dit le goumier.

— C'est tout réfléchi, je vais fuir dans la montagne.

— Ça ne t'avancera guère.

— Comment?

— Tn seras arrêté avant huit jours.

— Mais qui m'arrêtera?

— Tout le monde : les spahis, les goumiers, les cavaliers du bureau arabe, moi, lui, ton frère, ton cousin, n'importe qui.

— Des musulmans me trahir !...

— Oh ! non, un musulman ne livre pas son frère, mais, tu le sais, nous sommes tous solidaires les uns des autres, les amendes pleuvront sur nous, les pantarons rouges viendront s'installer chez nous, ce sera la ruine pour tous, et peut-être le déshonneur pour quelques-uns ; tu connais les femmes !

— C'est vrai, dit Ali ; cependant, si je fuyais...

— Tu as donc peur de la mort?

Ali garda le silence.

— La mort, Ali, c'est la délivrance ; mourir de la main des chrétiens, c'est le paradis avec les mille houris empressées et soumises. Oh ! que ne puis-je mourir comme toi ! dit en terminant d'un air exalté le goumier.

— Mais c'est le moment de la mort, dit Ali d'un ton sombre.

— As-tu mesuré la durée d'un clignement d'œil ?

— Non.

— Eh bien ! la mort est plus prompte encore.

— Mais ça doit faire mal ! dit Ali.

— Connais-tu le goût de la datte sucrée ?

— Oui.

— Eh bien ! la mort des croyants martyrs est plus douce encore.

— Vous croyez sincèrement que ma mort est utile à la tribu ?

— Nous le croyons.

— Eh bien! laissez-moi ce soir aller embrasser ma femme et demain je serai à vous.

— Soit ! dit le goumier.

Ali rentra dans le fourré et la petite troupe grimpa le long du sentier qui conduisait chez le Mouchahed.

Lorsqu'ils atteignirent le plateau, ils trouvèrent les officiers français, le caïd et le Mouchahed accroupis sur un tapis, à l'ombre du figuier gigantesque qui ornait la cour.

— Et Ali? demanda le caïd.

— Nous n'avons pu le trouver, dit le goumier.

— C'est bien, dit le capitaine Moreau. Je te donne jusqu'à demain, ajouta-t-il en se tournant vers le caïd ; si demain tu ne peux l'amener tu viendras toi-même au bureau arabe, entends-tu ?

— Oui, seigneur ! dit d'un air humble le caïd.

— El-Mouchahed, vous l'accompagnerez.

— Oui, capitaine.

— Et maintenant en route, dit le chef du bureau arabe.

En quelques minutes tout le monde fut à cheval et quatre vigoureux Kabyles enlevèrent de Lerné, mollement étendu sur une civière.

VI

AU BUREAU ARABE

A l'époque dont nous parlons, c'est-à-dire vers 184..., le bureau arabe de Cherchell n'était pas encore installé dans le magnifique caravansérail qui se trouve en avant de la Porte-Valée. Il était situé dans une modeste maison de la ville, relégué derrière l'hôtel du commandant supérieur, et c'était du fond d'un ancien oratoire musulman, petite pièce à coupole appelée Kouba, que le capitaine Moreau dirigeait le vaste cercle de Cherchell, peuplé des tribus les plus turbulentes de la petite Kabylie.

Il était environ neuf heures du matin ; le lieutenant de Lerné et l'interprète de l'armée attaché au bureau arabe étaient assis tous deux sur un large divan qui garnissait le fond de la Kouba, lorsque le capitaine Moreau entra. Il revenait du rapport.

— Grande nouvelle, messieurs, dit-il dès qu'il eut franchi le seuil de la porte.

— Qu'y a-t-il? demanda curieusement l'interprète.

— Je vous le donne en cent, je vous le donne en mille à deviner.

— Une insurrection? dit de Lerné!

— Une expédition?

— Mieux que cela.

— Quoi encore?

— Le capitaine Moreau, chef du bureau arabe de Cherchell, remet tous les insignes de son pouvoir à son adjoint le lieutenant de Lerné.

— Un changement!... s'écria de Lerné.

— Et un fameux encore.

— Expliquez-vous, je vous en supplie, mon capitaine, dit le lieutenant.

— Eh bien! mon cher ami, ce capitaine Moreau, la terreur de tous les Beni du cercle, ce farouche soudard, le capitaine Moreau, fort au piquet et solide à cheval, part pour la France.

— Ah! bah! dirent les deux officiers.

— Voilà son congé, continua le capitaine en montrant une grande feuille de papier sur laquelle ce mot cher aux soldats en activité était largement imprimé, et je vous promets qu'avant que le soleil ait noirci la montagne, comme disent les Kabyles, votre heureux chef aura fui loin de ces lieux. En un mot, mes chers camarades, je vais en France me marier.

— Vraiment! exclamèrent de Lerné et l'interprète.

— Et j'épouse Mlle Berthe Ferrade, la plus charmante fille du Périgord.

— Ce n'est pas bien de me l'avoir caché, dit l'adjoint d'un ton de reproche.

— Ne m'en veuillez pas, mon cher ami, je suis superstitieux comme un mahométan ; tout espoir divulgué ne se réalise pas. Et maintenant, mon cher de Lerné, nous allons, si vous le voulez, parler des affaires du cercle ; je vais vous remettre le service, car j'ai hâte de me débarrasser du fardeau.

L'interprète se leva discrètement pour se retirer.

— Vous n'êtes pas de trop, lui dit le capitaine.

Et ouvrant son carnet de rapport, il commença à donner ses instructions à son adjoint.

Soudain on entendit un grand brouhaha : c'étaient des éclats de voix, le tintement sonore des éperons d'acier sur le fer des étriers, le piétinement des chevaux résonnant sur le pavé de la rue.

— Quel est ce bruit? demanda le capitaine.

L'interprète se levait déjà pour aller s'en informer, lorsque le chaouch apparut dans la baie ogivale de la porte.

— Seigneur, dit-il, c'est le caïd des Beni-Hidja qui amène un prisonnier.

— C'est mon homme, dit de Lerné.

— Ce sera mon dernier acte de pouvoir, dit le capitaine. Qu'on m'amène tout ce monde.

— Permettez, mon capitaine... vous m'avez remis le service, et c'est à moi à juger l'affaire, d'autant plus qu'elle m'est personnelle.

— Allons, soit, dit Moreau ; souvenez-vous seulement qu'un chef de bureau arabe doit être inflexible : notre seule force est morale, vous le savez, et il ne faut pas la laisser entamer par une générosité mal entendue.

Au même instant la Kouba fut envahie par les Kabyles qui se précipitèrent, caïd en tête, sur les mains des officiers, en faisant retentir la voûte des souhaits de bonheur les plus exagérés.

— Que ton éperon soit toujours vert ! disait l'un.

— Que le bonheur soit pendu à la crinière de ton cheval ! disait l'autre.

— Que Dieu rougisse ta face !

— Qu'il terrasse tes ennemis !

— Qu'il te mette au sein une femme blanche !

— Qu'il rajeunisse ton père !

— Qu'il bénisse le ventre qui t'a fait bouillir !

— A toi la gloire !

— A toi le prolongement des jours heureux !

— Et le raccourcissement des peines !

A mesure que le baisement de mains avait lieu, les Kabyles allaient se ranger au fond de la salle.

Deux hommes seuls restèrent debout au milieu de la Kouba, sans avoir pris part à cette effusion de salamalecs.

C'étaient El-Mouchahed et Ali le fanatique.

— Voilà l'accusé, dit le renégat.

— Il n'est pas coupable, se hâta d'ajouter le caïd.

— Qu'en sais-tu ? demanda le capitaine.

— J'en jurerai par ta tête ! dit le caïd.

— Ma tête est chère aux miens et indifférente aux gens tels que toi.

— Par Allah ! voulut protester le caïd.

— Assez ! dit l'officier. Avance, continua-t-il en s'adressant à Ali.

— Permettez, capitaine, dit de Lerné, c'est à moi à l'interroger.

— Ton nom ? demanda-t-il au fanatique.

— Ali.

— Ta tribu?

— Beni-Hidja.

— Avais-tu l'intention de me tuer?

— Je ne saurais répondre.

— Parle!

— Si je parle, le mensonge ne saura sortir de ma bouche.

— Réponds.

— Oui, je voulais te tuer.

— Mais non! mais non! s'écria le caïd, cet homme est fou, il ne sait ce qu'il dit.

— Mesure ta parole, Ali.

— Tais-toi, caïd, dit le capitaine.

— Et pourquoi voulais-tu me tuer? demanda de Lerné.

Ali leva les yeux au ciel et dit:

— Parce que Dieu le veut.

— Connais-tu le châtiment qui t'attend?

— Je le connais, mais je ne tremble pas, regarde! dit Ali en découvrant sa poitrine velue.

— Je le vois, tu es homme. Mais pourquoi voulais-tu me tuer? T'ai-je fait du mal?

— Jamais.

— Alors pourquoi?

— Parce que Dieu le veut.

— Quelle terrible chose que le fanatisme! dit de Lerné. Voilà un animal auquel je ne demandais que quelques paroles de repentir ou de dénégation, et il me force à le faire passer en jugement.

— Ali, dit le capitaine Moreau, tu n'as donc pas peur de la mort?

— As-tu peur de franchir la porte du palais des délices ?

— Seigneur, dit le caïd, cet homme n'est pas dans son bon sens, pardonnez-lui.

— Je lui pardonne, dit de Lerné, nous autres chrétiens nous ne sommes pas fanatiques et ne voulons pas la mort du prochain. Cet homme ne mourra point, mais il ira en France jusqu'au jour du repentir.

En entendant ces mots, Ali, si ferme, si résolu jusque-là, se mit à trembler, ses yeux s'emplirent de larmes.

— La mort ! plutôt la mort, s'écria-t-il en se précipitant aux pieds de de Lerné.

— Qu'on l'emmène, dit de Lerné, ton affaire est réglée ; par le prochain courrier tu partiras pour Alger et le conseil de guerre statuera sur ton sort. Quant à toi, caïd, ton ardeur à défendre ce criminel me prouve que tous les rapports faits sur ton compte sont vrais et que nous pouvons peu compter sur ta fidélité. Rentre dans la tribu, vis-y paisiblement, et quant à vous, gens des Beni-Hidja, vous reconnaîtrez à l'avenir pour votre caïd Sidi-el-Mouchahed. Que tout le monde se retire et vous, restez, dit de Lerné en s'adressant au renégat.

Les Kabyles sortirent silencieusement.

— Votre justice est digne de saint Louis, dit le capitaine Moreau lorsque la salle fut évacuée, vous avez été ferme et digne. Quant à vous, El-Mouchahed, souvenez-vous que vous êtes Français et que nous voulons avant tout la rédemption du peuple arabe.

— Vous pouvez avoir confiance en moi, j'aime les hommes car j'ai beaucoup souffert.

— Et maintenant, messieurs, permettez-moi de m'occuper de mon départ.

— Vous nous quittez? demanda El-Mouchahed.

— Pour quelques mois seulement.

— Si vous le voulez je vous accompagnerai jusqu'à Alger; j'y vais tous les ans à la même époque et ce terme est échu.

— Vous allez là pour y toucher vos petites rentes? dit en riant le capitaine.

— Oui, répondit El-Mouchâhed d'un ton triste.

VII

EN FRANCE.

Bien des événements s'étaient écoulés en France depuis le départ de Gérard, et maintenant Marcelle était veuve. Elle avait aussi vu mourir son père et demeurait seule au château avec M. de Vaudreuil, son oncle.

Le vieux bibliophile s'était en quelque sorte momifié avec le temps, sa face jaune paraissait osseuse, mais elle gardait encore je ne sais quel doux regard et quel sourire paternel.

Il n'était pas gai, ce château aux longs corridors, aux salles immenses, seulement habité par une jeune femme et un vieillard. Marcelle, pour se distraire, et aussi guidée par sa bonté d'âme, avait établi une sorte de colonie chez elle et y recevait la plupart des jeunes filles pauvres du canton, leur donnant à faire des travaux de couture, de la tapisserie.

Mais cette occupation ne suffisait pas à combler le vide qui s'était fait dans l'âme de Marcelle. Une femme qui s'ennuie est aussi près du mal que du bien, et c'est bien souvent le destin qui choisit pour elle.

Mais Marcelle était bonne et son cœur honnête la poussait volontiers vers la bonne voie. Elle se souvint (peut-être pensait-elle plus d'une fois à celui qui n'était plus là !), elle se souvint que Gérard Ferrade avait une sœur. Elle avait aimé le frère. Oh! son amour était de ceux qu'on pouvait sans rougir avouer à tous. Elle reporta cet amour, cette affection profonde sur la petite Berthe, alors devenue une grande et belle jeune fille. Elle la fit venir au château, elle voulut la garder auprès d'elle. Elle lui parlait bien souvent de Gérard, et le temps s'écoulait ainsi en longs entretiens, en douces causeries.

Pendant que M. de Vaudreuil annotait ou compulsait ses livres, Marcelle parlait du passé, Berthe songeait à l'avenir.

L'avenir, c'était le rêve. A quoi rêvent les jeunes filles, si ce n'est à l'amour et au mariage? Et en effet l'âge était venu pour Berthe de se marier. Ce fut Marcelle qui se chargea de trouver pour la jeune fille l'époux digne de ce cœur jeune, aimant et dévoué.

Marcelle avait pour cousin un certain comte de Peyrols qui, mort depuis en Afrique, était venu passer plusieurs mois au château au temps où M. de Moisset vivait. M. de Peyrols avait amené avec lui un de ses amis, le lieutenant Moreau, loyal et digne militaire, dont Marcelle avait pu apprécier le caractère franc et l'âme élevée.

Marcelle avait revu le lieutenant Moreau lors de la

mort de M. de Peyrols ; c'était le lieutenant lui-même qui l'avait annoncée. A cette époque, Berthe habitait déjà le château. Moreau avait donc vu Berthe, et Berthe n'avait pas laissé que de se sentir attirée par la nature du soldat. Une certaine sympathie s'était donc établie entre celui-ci et la jeune fille, et rien n'était échappé à Marcelle.

— Mon enfant, dit-elle un jour à Berthe, puisqu'il faut vous marier, répondez-moi franchement : Le lieutenant Moreau vous plairait-il ?

La jeune fille rougit et baissa les yeux.

— C'est bien, fit Marcelle.

Elle embrassa Berthe au front et écrivit à Moreau de venir.

Moreau n'était déjà plus lieutenant. Il portait les épaulettes de capitaine.

On l'attendait au château depuis quelques jours lorsqu'arriva à l'adresse de Marcelle une lourde caisse portant le timbre d'Alger.

Ce fut M. de Vaudreuil qui la reçut.

— Ah ! ah ! fit-il, notre ami inconnu est exact ! Tous les ans nous recevons de je ne sais quel désert de l'Arabie Pétrée un colis de cette sorte. Holà ! Bárthélemy, dit-il à un domestique, vous allez déballer ceci promptement.

Il appela Marcelle et Berthe, et elles accoururent bien vite.

Marcelle était pâle et dissimulait avec peine son émotion :

— Eh quoi ! toujours ! murmura-t-elle.

Tous les ans, à la même date, — et c'était celle de sa fête, — elle recevait ainsi d'Algérie une caisse de présents, des étoffes, des tapis, des soieries, des bijoux, des coquillages, des plumes d'autruche, des fourrures, des peaux de lion, des parfums, des cassolettes. Et d'où venait tout cela ? Point de nom, jamais d'écriture jointe à cet envoi. Un mystère impénétrable. Hélas! elle devinait bien que tout cela venait de Gérard. Elle avait d'abord voulu refuser; mais à qui envoyer la caisse? Et d'ailleurs sa curiosité la poussant, elle croyait chaque année découvrir dans cet envoi un mot, un signe, un rien que lui adresserait Ferrade. Mais non, toujours de riches tapis ou de splendides burnous, des voiles tissés d'or et de soie, des manteaux de prix, des essences embaumées, pas un mot, pas un indice, et toutes ces richesses, tous ces dons, tous ces trésors étaient muets.

Cette fois, M. de Vaudreuil bénit de tout son cœur celui qui avait envoyé la caisse. Il découvrit sous un tas de foulards, et à côté d'une couffe de dattes un précieux exemplaire, un splendide manuscrit du Koran.

— Béni soit cet inconnu ! s'écria le bibliophile. A coup sûr, c'est un galant homme et un homme de goût!

Le capitaine Moreau arriva le lendemain. On l'accueillit à bras ouverts; Berthe sentait son cœur palpiter et le soldat n'était pas moins ému. Marcelle accabla le capitaine de questions au sujet de la caisse reçue la veille.

— Regardez, dit-elle, et répondez-nous. Voyez-vous là quelque signe qui puisse vous faire savoir d'où vient cet envoi ?

— Aucun, répondit Moreau. Le colis vient d'Alger. Ce timbre le dit, mais ne dit pas autre chose. Est-ce la première fois qu'un pareil envoi vous parvient ?

— Non, dit Marcelle, et tous les ans nous recevons une pareille caisse. D'où vient-elle? ou plutôt de qui vient-elle? Je n'ai jamais pu le savoir.

— C'est étrange ! dit le capitaine, pendant que M. de Vaudreuil fredonnait un élégant et poétique refrain de son jeune temps :

Mystère,
Mystère,
Il faut se taire.
Le silence est prudent.
Et sur la terre,
Si nous rencontrons un mystère,
Ce qui nous arrive souvent,
Il faut nous taire.

Le mariage de Moreau et de Berthe était parfaitement décidé, et ce fut quelques jours après qu'eut lieu le repas des fiançailles.

Nous allons, s'il vous plaît, quelque peu hâter le récit.

Nous avons montré Marcelle attristée et peut-être inquiète d'un mystère, Berthe attirée vers le capitaine, plus encore par le mariage que par le mari, M. de Vaudreuil absorbé comme toujours par ses livres, et Moreau assez préoccupé de cette tâche qu'il prenait de rendre heureuse celle à qui il donnait son nom.

Le mariage eut lieu. Ce fut une fête dans le pays. On aimait Berthe là-bas.

Marcelle était heureuse du bonheur de son amie ; puis, son souvenir reportant sa pensée vers un temps évanoui, elle sentait de grosses larmes lui venir aux yeux, en se revoyant vêtue du costume de mariée comme

Berthe, s'agenouillant comme elle devant le prêtre, et comme elle appuyée au bras de son époux.

Elle songeait à tous ses rêves d'autrefois et aux serments échangés.

Dieu seul les avait entendus avec Gérard Ferrade.

Alors elle se disait en regardant Berthe, dont le front rayonnait, et le capitaine, qui marchait d'un pas droit, la tête haute, le front large, le regard mâle et doux cependant :

— Je l'ai unie à un honnête homme, à un cœur vaillant et ferme. Peut-être me pardonnerez-vous, Gérard!

Il n'y avait pas longtemps que le mariage était fait, lorsque Berthe témoigna à son mari le désir de voir l'Algérie.

Il essaya de l'en dissuader.

— L'Algérie! dit-il en riant... mais, ma chère Berthe, l'Algérie, c'est un pays de loups; que dis-je? de lions, de hyènes. L'Afrique! brrr!... Un grand désert de sable, des palmiers çà et là, des Arabes sales et laids couchés aux pieds de leurs chevaux, un ciel désespérant, le simoun, les bêtes féroces, toute une ménagerie et toute une collection de tempêtes! Restons en France.

— Bah! vous dites cela pour m'effrayer. Non, l'Algérie n'est pas ainsi.

Le capitaine Moreau souriait, car il aimait l'Algérie et l'appréciait plus que quiconque.

Bref, elle voulait partir. — Ce que femme veut, Dieu même le désire.

— Nous vous suivrons, dit Marcelle.

Elle se sentait bien souffrante depuis longtemps, et

un secret pressentiment lui disait que la guérison était là-bas.

— Et moi, s'écria M. de Vaudreuil, j'irai récolter des livres rares. Si je découvrais quelque manuscrit authentique de l'époque de Mahomet !

— Si je voyais Gérard ! songeait Marcelle.

Et ce fut ainsi qu'ils partirent.

VIII

LES PRÉPARATIFS

Un matin, un cavalier du bureau arabe de Blidah arrêtait son cheval ruisselant de sueur devant la demeure du lieutenant de Lerné à Cherchell.

Après s'être dressé debout sur ses larges étriers pour détendre ses genoux ankylosés par une course rapide de quinze lieues, il mit pied à terre et détacha du pommeau de la selle, où elle était solidement fixée, une *djebira*, grand portefeuille en maroquin brodé, divisé en plusieurs compartiments, qui a quelque ressemblance avec la sabretache de nos hussards.

Puis, titubant, il alla s'asseoir sur le banc en pierre qui s'étendait le long du mur du bureau arabe.

Le chaouch de garde se leva à son approche.

— Sois le bienvenu ! lui dit-il.

— Que Dieu t'accorde l'allégement du cœur! répondit le mekhazeni.

— Qui t'amène?

— Le bien.

— Est-ce écrit ou parole que tu apportes?

— Un écrit.

— Pressé?

— Regarde mon cheval, dit le cavalier en montrant le coursier, dont les flancs haletaient.

— Eh bien! donne ta missive, je vais la remettre à 'officier.

Le cavalier ne répondit pas.

— Es-tu sourd? dit le chaouch.

— Sourd... aux paroles mal dites: où as-tu vu qu'un cavalier fidèle remît son message en d'autres mains qu'en celles auxquelles il est destiné?

Le chaouch ne répondit pas et entra dans le bureau de l'officier.

Deux minutes après, il en ressortait et faisait signe au courrier d'avancer.

Le mekhazeni se leva, rétablit l'harmonie de sa coiffure et secoua les longs plis de son burnous, qu'il rejeta majestueusement sur son épaule; puis, passant la courroie de la djebira autour de son bras nu, il s'avança de ce pas lourd et solennel commun aux gens de cheval.

Lorsqu'il fut en présence de l'officier, il s'inclina jusqu'à sa main, qu'il baisa respectueusement.

— D'où viens-tu? demanda de Lerné.

— De l'Est.

— Qu'apportes-tu?

— Une lettre.

— Donne-la.

Le cavalier ouvrit sa djebira et en retira un large pli.

— Mon cheval a eu des ailes, dit-il en remettant la missive, sur la suscription de laquelle était marquée l'heure du départ.

— C'est vrai, dit de Lerné après y avoir jeté les yeux, tu n'as mis que trois heures pour faire tes quinze lieues; eh bien! va te reposer à la maison des hôtes.

Le cavalier s'inclina et se retira majestueusement précédé par le chaouch.

Lorsque de Lerné fut seul, il ouvrit la dépêche et lut :

« Mon cher camarade,

« Je suis arrivé depuis deux jours à Alger, je quitterai Blidah demain matin. Veuillez envoyer à mi-route des chevaux de relais : il faut quatre montures, deux chevaux pour M. de Vaudreuil et moi et deux mules pour mesdames de Moisset et Moreau. Dites à Bobuchon de nous préparer un déjeuner froid à l'Oued-el-Hachem.

« A bientôt.

« Votre camarade, « MOREAU. »

— Très-bien, dit de Lerné lorsqu'il eut achevé sa lecture.

Il appela son chaouch et lui donna l'ordre de faire venir le brigadier de spahis et Bobuchon.

Le premier fut chargé d'organiser les relais et le second de préparer les victuailles.

La nouvelle du retour du capitaine se répandit avec rapidité dans tout le cercle. Aussi le lendemain matin, dès l'aube, plus de deux cents cavaliers appartenant à toutes les tribus, étaient-ils rassemblés sur les bords de l'Oued-el-Hachem.

Le lieutenant de Lerné ne fut nullement surpris, en arrivant au lieu du rendez-vous, d'y rencontrer si nombreuse compagnie; il savait combien le capitaine Moreau était aimé par ses administrés.

Officier de fortune comme plusieurs des généraux qui ont illustré notre armée, Moreau avait débuté comme brigadier secrétaire dans les bureaux arabes, et y avait assez rapidement fait son chemin.

Les officiers de bureaux arabes sont en quelque sorte plutôt des administrateurs que des soldats proprement dits. D'une valeur personnelle très-grande, le capitaine Moreau était cependant mieux à sa place dans son bureau, réglant les affaires du pays, rendant la justice, que chargeant l'ennemi à la tête de son escadron. Esprit méthodique et grave, excellent calculateur, administrateur intelligent, Moreau était moins un soldat qu'un militaire diplomate.

D'ailleurs, essentiellement bon, d'une brusquerie conciliante, sévère parfois lorsqu'il le fallait, mais ne s'écartant jamais de la droite ligne de la justice, Moreau s'était concilié de puissantes et profondes sympathies, ses supérieurs l'estimaient et ses administrés eux-mêmes l'aimaient.

Le capitaine Moreau, homme de cœur, une belle âme servie par un esprit moins brillant que sévère et mathématique, devait par la force des choses, grâce à son zèle et sa capacité, devenir sans doute un jour général : point culminant de la fortune d'un officier des bureaux arabes.

Le campement fut établi sur le bord d'une source à quelque distance des bords escarpés de l'Oued-el-Hachem, dont les eaux torrentielles traversent, en la fertilisant, toute la vallée de Zurick.

Une grande tente doublée en damas de soie avait été installée; le sol était recouvert d'épais tapis arabes et les montants de la tente étaient enguirlandés de fleurs des champs et de touffes de lentisques aux émanations suaves.

Bobuchon avait établi sa cuisine à proximité de la source, et, comme de coutume, les Kabyles entouraient curieusement le soldat français.

Les Arabes étaient épars par groupes à l'abri des arbres qui ombrageaient la vallée.

De Lerné était au milieu d'eux, devisant avec les chefs, lorsque soudain le cavalier placé en vedette sur le point culminant de la colline poussa un cri strident.

C'était le signal convenu pour annoncer l'arrivée du capitaine.

Aussitôt chaque cavalier se précipita vers son cheval, et, en moins de temps que nous ne mettons à l'écrire, tous les Kabyles furent réunis autour du lieutenant de Lerné qui prit la tête de la cavalcade et se porta à la rencontre du capitaine Moreau.

Celui-ci s'avançait à cheval, suivi de Marcelle et de Berthe.

Les deux femmes, vêtues en amazones, Marcelle pâle et comme affaissée, chevauchaient côte à côte. et derrière elles marchait M. de Vaudreuil qui préférait aller à pied plutôt, disait-il, que de s'écorcher les jambes sur e dos de son mulet.

Il tenait l'animal par la bride et lisait, tout en marchant, un volume de Claudius.

— Mesdames, dit le capitaine, je vous préviens d'une chose : il vous faut ici faire provision de courage.

— Comment cela ! dit Berthe en souriant.

— Allons-nous être attaqués par les Bédouins ? demanda Marcelle d'une voix faible et avec un singulier sourire.

M. de Vaudreuil leva la tête et poussa un cri.

— Comment, attaqués?... Les Bédouins, qui parle de Bédouins ? où sont-ils ?

Il regardait déjà les fontes de sa monture et se disposait à prendre ses pistolets.

— Holà ! dit Moreau, nous n'en sommes pas encore à la bataille, monsieur de Vaudreuil, ne craignez rien. Nous cheminons en ce moment chez des ennemis amis.

— Alors, quel danger ?

— Qui vous parle de danger ? Je dis seulement que, tout à l'heure, des coups de feu vont nous accueillir. C'est la manière ici de recevoir les étrangers. A l'usage, rien à dire.

— C'est aussi mon avis, dit le bibliomane.

— Gare à la fantasia ! fit Moreau.

— Bah ! dit Marcelle, nous sommes braves, n'est-ce pas, Berthe ?

— En avant ! répondit la jeune femme.

Dès que les deux groupes se réunirent, une fusillade bien nourrie salua l'arrivée du capitaine et de ses hôtes.

Puis les Arabes s'éparpillèrent au galop dans toutes les directions, en faisant cette éternelle fantasia que nous avons décrite ailleurs.

IX

MARIEM

El-Mouchahed était à peine installé depuis deux mois dans ses fonctions de caïd que déjà la tribu se ressentait des bienfaits d'une administration probe et paternelle. Un système de prestation en nature employé à l'amélioration des routes avait remplacé les corvées arbitraires imposées par la cupidité de l'ancien caïd; une sollicitude paternelle veillait aux intérêts de chacun et le petit n'était plus sacrifié au grand. Le soir, lorsque l'heure du repos arrivait, les Kabyles se rassemblaient autour de sa demeure et écoutaient avec avidité la parole de Mouchahed qui leur expliquait la solidarité humaine et toute la morale qui en découle.

Et lorsque le dernier chant du coq annonçait l'heure

du sommeil, chacun rentrait chez soi en se disant:

— Cet homme est un verbe !

— C'est une pluie de bienfaits sur la tribu.

— Miracle de Dieu ! il sait tout !

— C'est Abraham !

— Il a deux cœurs; l'un tendre comme le beurre, l'autre dur comme le marbre.

— C'est un croyant.

Les plus fanatiques disaient:

— Il a été touché de la grâce!

— Les décrets de Dieu sont des mystères ! il est converti.

— C'est une lame dérouillée!

— Il a fait pacte avec Allah!

— Et endormi Satan!

Quant à lui, chaque soir, avant de rentrer dans sa demeure, il jetait un long regard mélancolique vers le nord, un soupir s'échappait de son cœur et un nom aimé s'envolait comme un baiser de ses lèvres. Puis il franchissait sa porte, sur le seuil de laquelle Mariem, son épouse musulmane, l'attendait pour lui baiser la main au passage; il jetait sur elle la bénédiction du soir, puis il allait s'accroupir au fond de la chambre sur une peau de lion.

Il restait ainsi recueilli un instant.

— A moi la famille ! disait-il tout à coup comme un homme qui rejette loin de sa pensée tout souvenir pénible.

Aussitôt, de l'un des coins de la salle mal éclairée par une lampe fumeuse, trois enfants se précipitaient vers le père : le plus âgé avait huit ans.

Mariem alors apportait la tasse de café du soir et la

fête du cœur commençait, comme disait la pauvre femme.

— Comment le seigneur a-t-il rempli son jour? demandait Mariem.

— Bien, disait El-Mouchahed entre deux caresses d'enfants.

— Dieu te bénira et séchera la nappe de larmes qui te noie le cœur.

— Mais je n'ai nul chagrin, femme.

— Tu dois souffrir, car ma pensée sanglote et les larmes qui en découlent me voilent le sentier du bonheur ! Où est-il ce sentier, seigneur? fût-il semé d'épines et de cailloux tranchants, je le suivrai en riant.

— Femme ! femme ! disait d'une voix douce le Mouchahed en lui montrant les enfants, le bonheur, le voilà.

— Et mon cœur? disait Mariem.

— Il est dans le mien.

— Non, non, disait-elle avec les larmes dans la voix.

Alors Gérard l'attirait sur son sein en disant :

— O Marcelle ! que ton souvenir est cruel !

Et la pauvre ignorante répétait : O Marcelle ! croyant que c'était une invocation divine ou une promesse d'amour dans la langue inconnue de son époux.

Et les enfants regardaient, ne comprenant pas le baiser au milieu des pleurs.

Un soir, entre une larme et un sourire, Mariem dit à Gérard :

— Tu es bon pour moi, mais tu ne m'aimes pas. Pourquoi ? je suis cependant jolie et soumise. Dis-moi ton chagrin, je te consolerai, je t'aime tant que je trouverai des paroles suaves et douces pour endormir tes douleurs. Tiens, regarde combien mon sein gonflé palpite, elles sont là, mes paroles d'amour. Si tu veux pleurer, pleure, mes lèvres formeront la coupe pour recevoir la source de chagrin ; si tu veux rire, ris et mes yeux grands ouverts serviront de miroir à ta joie. Parle, maître, dis ce que tu veux, je suis ton esclave.

La pensée de Mouchahed, bercée par ces douces paroles, était bien loin. Mariem s'en apercevait, et, le cœur gros, elle se retirait sur sa couche solitaire, en disant :

— O Allah ! il y a bien sûr une vivante entre nous !

Un matin, Gérard était allongé à l'ombre d'un figuier, la tête à l'ombre et les pieds au soleil, rêvant aux mondes inconnus, lorsqu'un cavalier le tira de son extase en lui remettant une lettre.

El-Mouchahed l'ouvrit et lut :

« Mon cher Gérard,

« Demain matin, je me rendrai dans votre tribu avec ma femme et des amis de France, auxquels je désire faire voir un coin de la vie arabe. C'est à titre d'ami que je vous prie de me recevoir.

« A vous,

« Le capitaine MOREAU. »

A cette lecture, le front du rénégat s'assombrit, son cher isolement allait être troublé, et il allait se retrouver en contact avec cette société qu'il fuyait.

Il avait quitté avec déchirement sa patrie, en y laissant en lambeaux une partie de son âme. Il s'était fait, loin d'elle, une famille, une vie nouvelle, il avait

arraché violemment de son cœur à peu près tout ce qui lui rappelait un passé cruel. Et maintenant, ce passé venait se dresser devant lui, la France le poursuivait encore en ces solitudes, et ce n'était pas assez de ces souvenirs, il fallait encore que des Français, qu'il avait connus peut-être, vinssent l'arracher, pour un moment — mais pour un siècle — à son implacable isolement.

Il alla au portrait de Marcelle, arracha le voile qui le couvrait, et regardant cette image adorée :

— Ah ! que ne me laissent-ils mourir en paix, Marcelle, avec ton souvenir ! murmura-t-il.

— Voyons, dit-il tout à coup, chassons loin de nous ces folles rêveries ; la réalité me touche : Mariem et mes enfants ; je suis un Kabyle et je dois m'ébahir devant les robes flottantes des chrétiennes et les pantalons étroits des mécréants, la vue de leur coiffure en bouchon de carafe doit me divertir ; j'ai le droit d'avoir toutes les naïvetés, moi, je suis un Kabyle !

Puis, riant de ce rire douloureux qui serre le cœur et fait grimacer la bouche, il se leva.

Le soir, tout était prêt pour la réception des hôtes français, et la douce Mariem, le sourire à la lèvre et l'œil humide, préparait le fin couscoussou qui devait faire honneur à la tente de son époux chéri.

X

MARCELLE

Le lendemain était un jour radieux, le soleil brillait dans tout son éclat au milieu de ce ciel limpide et profond que l'on ne voit qu'en Afrique; au fond de la vallée, à l'ombre bleue des arbres à la luxuriante verdure, les Kabyles attendaient l'arrivée de leur chef; la brise de mer, douce et fraîche, soulevait les fins haïks du djerid et faisait flotter les burnous de fine laine; les chevaux richement harnachés piétinaient d'impatience et leurs crins fouettaient l'air pour chasser les taons aux piqûres harcelantes, lorsque El-Mouchahed déboucha du sentier rapide qui conduisait chez lui, monté sur une admirable jument baie marquée au front d'une étoile; il était vêtu avec cette riche simplicité des chefs arabes, la corde en poil de chameau ceignait sa tête, et la botte rouge en maroquin chaussait sa jambe musculeuse; une amulette de forme triangulaire et enfermée dans une bourse de soie pendait à son cou : c'était un don de Mariem qui avait fait un long pèlerinage pour obtenir d'un célèbre marabout ce talisman préservatif de tout malheur.

Lorsqu'il arriva dans la vallée, les cavaliers vinrent se grouper autour de lui, et les salutations se croisèrent comme les balles un jour de poudre; puis on se mit en marche à la rencontre des hôtes français en suivant les bords de la mer.

El-Mouchahed chevauchait silencieusement en tête de son goum; sa figure était calme, et rien ne décelait en lui le chagrin qu'il avait éprouvé la veille à la réception de la missive du capitaine Moreau. Pour lui, en ce moment il accomplissait un ordre et paraissait insouciant comme le sont les Arabes en pareille circonstance.

Soudain, à travers les oliviers et les lentisques qui bordaient la route, on vit s'élever un léger nuage de poussière : c'était la cavalcade du capitaine Moreau. Aussitôt les cavaliers arabes s'ébranlèrent en poussant de grands cris, les armes chargées se vidèrent, et leurs chevaux hennissant ne s'arrêtèrent qu'à quelques pas du capitaine Moreau. Alors chaque Arabe descendit et alla donner le baiser de bienvenue aux hôtes. El-Mouchahed avait été le premier à aller accomplir ce devoir; il salua le capitaine Moreau d'abord, puis il se tourna vers les dames. À peine eut-il levé les yeux que tout son sang afflua vers son cœur : il avait reconnu Marcelle...

Il salua simplement de la tête et remonta précipitamment sur sa jument; puis, sans attendre les ordres du capitaine, il trouva assez de voix pour dire à ses goumiers :

— Allons, mes enfants, un peu de fantasia pour récréer les yeux des hôtes bénis.

Et, piquant des deux son cheval, il se précipita le premier; un cavalier plus alerte que les autres l'eut bientôt rejoint, et, se mettant jambe à jambe avec le caïd, ils prirent du champ pour revenir plus ardents sur la petite troupe.

— Seigneur, dit le goumier au bout d'un instant, nous pouvons tourner bride.

— Marche toujours, répondit El-Mouchahed.

— Mais, seigneur, la distance est assez grande pour faire valoir le jarret de nos chevaux.

— Ma jument est emportée, ne le vois-tu pas?

— Oh ! oh ! fit en riant le cavalier.

— Je te le dis.

— Alors c'est vrai ! répondit complaisamment le cavalier, sans chercher à s'expliquer ce manque à toutes les convenances.

Les chevaux rapides buvaient l'air et mangeaient l'espace.

En voyant disparaître le caïd et son partner de fantasia, chacun crut dans la petite cavalcade que les chevaux s'étaient emportés, et chacun redoutait un malheur.

El-Mouchahed arriva bientôt à sa demeure; les serviteurs et Mariem se précipitèrent vers lui.

— Qu'on me laisse seul, dit-il en repoussant tout le monde.

Et il entra dans la chambre que nous connaissons déjà et qu'il appelait le sanctuaire des souvenirs.

Lorsque le capitaine Moreau et ses hôtes arrivèrent El-Mouchahed était, suivant l'usage, sur le seuil de sa demeure. Son visage était livide.

— Soyez les bienvenus, dit-il.

— Votre cheval s'est emporté? demanda le capitaine.

— Oui, mon capitaine, et je n'ai pu le retenir parce que la bride s'est rompue.

— Il ne vous est rien arrivé?

— Rien.

— Ces dames ont eu grand'peur.

El-Mouchahed s'inclina sans répondre, et montrant la porte de la chambre :

— Entrez, mesdames, dit-il.

— Vous souffrez, ma nièce? dit M. de Vaudreuil à Marcelle.

— Non, dit-elle avec un sourire qui avait quelque chose de navrant.

Ils entrèrent dans la chambrette, et Marcelle regarda autour d'elle.

Elle recula tout à coup, poussa un grand cri, et, tendant la main vers son portrait que Gérard avait découvert.

— Lui! dit-elle.

El-Mouchahed sortit pendant que les assistants se pressaient autour de Marcelle évanouie.

La pauvre femme était pâle, ses lèvres se contractaient.

Un frémissement nerveux agitait ses narines.

— Mon Dieu! s'écria M. de Vaudreuil, est-ce qu'elle va mourir?

Un instant après, Gérard revint avec Mariem et ses trois enfants. Marcelle avait repris ses sens; sa joue, pâle d'habitude, était empourprée et ses yeux brillaient; aussitôt qu'elle aperçut Gérard elle se souleva.

— Gérard ! dit-elle en mettant dans cet appel tout ce qui lui restait de vie.

— Gérard est mort, dit El-Mouchahed, Marcelle l'a tué, il y a longtemps.

En entendant ce nom de Marcelle qui avait si souvent frappé son oreille, Mariem devint pâle et se mit à trembler.

— Je comprends tout, dit-elle.

— Gérard ! reprit Marcelle.

— Vous vous trompez, madame, il n'y a ici qu'un Kabyle, El-Mouchahed, l'époux aimé de Mariem et le père heureux de ces enfants.

— Gérard, pitié pour elle ! dit M. de Vaudreuil.

— A-t-elle eu pitié de moi?

— O mon Dieu ! pardonnez-moi, dit Marcelle en s'affaissant sur elle-même.

Tout le monde l'entoura; tout d'un coup sa poitrine haletante s'arrêta, elle ouvrit les yeux qu'elle fixa sur Gérard, et rendit le dernier soupir.

Un silence profond régnait parmi les assistants qui n'osaient s'interroger.

— Morte ! dit M. de Vaudreuil !

— Morte ! reprit Berthe en éclatant en sanglots.

— Pauvre Marcelle, dit Gérard en s'agenouillant et en baisant la main bleue de la morte, je t'ai bien aimée !

Mariem, en voyant son époux pleurer en baisant la main de Marcelle, ne put contenir ses larmes et une violente attaque nerveuse s'empara d'elle; on la transporta dans son gourbi.

Lorsque Gérard vint l'y rejoindre, elle était revenue à la raison.

— Mon ami, c'était cette femme que tu aimais? dit-elle.

Gérard ne répondit pas.

— Elle est morte, n'est-ce pas?

— Elle est morte! dit tristement Gérard.

— Oh! je ne serai jamais heureuse de ton amour, dit Mariem en se jetant au cou d'El-Mouchahed : il y aura toujours une morte entre nous, ajouta-t-elle en sanglotant.

LA BALLE DU COLONEL CLOC

— ... Quant à moi, messieurs, j'ai fait, pendant dix ans, la guerre d'Afrique; je suis allé en Crimée, en Italie, et je reviens du Mexique. Je n'ai été blessé qu'une seule fois, et encore est-ce par la main de la plus jolie femme de Paris et d'Alger.

— Mon colonel, il ne s'agit pas de ces blessures-là.

— Mon cher commandant, je ne vous en souhaite pas une pareille; elle m'a tenu pendant six mois à l'hôpital du dey, et puisque nous racontons chacun nos faits d'armes, laissez-moi vous narrer l'histoire de ma balle.

C'était en 1835; à cette époque-là, j'avais l'honneur d'être sous-lieutenant au 1er régiment de chasseurs d'Afrique; nous portions encore le chapska et la lance. Nous faisions ce que nous appellions la guerre d'amateur : on partait de Mustafa après déjeuner, à la tête de son escadron, et l'on s'en allait serrer la main aux camarades d'Hussein-Dey ou de Ben-Siam; à l'heure de l'absinthe, nous étions rentrés au camp, et le soir, nous nous pavanions dans les salons du gouvernement ou à l'orchestre du théâtre. C'était une guerre charmante. Parfois l'un de nous manquait à l'appel, l'on versait une larme sur le soldat mort et l'on reprenait la vie insouciante et aventureuse.

J'avais pour lieutenant de Thizay, aujourd'hui général de division. Nous vivions comme deux frères : sauf le lit que nous ne partagions pas, tout était commun entre nous, la chambre, la tente, les cantines, nos plaisirs et nos peines.

Nous revenions de Ben-Siam, où nous étions allés ravitailler le 3e escadron, lorsqu'à la descente de Birmandreis, à la hauteur de la traverse de Kouba, nous tombâmes dans une embuscade de *hadjouts*. Il est inutile de vous dire qu'ils ne firent pas long feu, nos chasseurs les chargèrent et ils s'éparpillèrent comme une volée de perdreaux. La chaleur était accablante : je faisais sonner le ralliement à l'ombre de la jolie fontaine de Birmandreis, lorsque nous vîmes déboucher par le frais vallon l'apparition la plus charmante que fumeur de hachich puisse rêver : c'était une jeune et élégante amazone montée sur un barbe gris clair; un domestique à cheveux blancs et en habit noir la suivait à distance.

A sa vue nous restâmes stupéfaits, et nous frémîmes en pensant qu'une demi-heure plus tôt cette jeune imprudente eût été enlevée par l'embuscade arabe que nous venions de disperser. Et Dieu sait le sort qui lui eût été réservé!

De Thizay, encore ému, s'avança vers elle d'un pas rapide.

— Madame, lui dit-il d'un ton assez brusque, comment se fait-il que vous vous hasardiez seule ainsi en pays ennemi? Vous vous exposez à être massacrée, et ce qui serait bien plus terrible, à être enlevée vivante.

— Vraiment, monsieur, il y a autant de danger que ça? dit-elle d'une voix sonore et avec un léger accent étranger.

— Tenez, reprit de Thizay, en lui indiquant du doigt le cadavre d'un Arabe qui gisait au pied d'un arbre sur le bord de la route, il y a vingt minutes à peine que nous sommes tombés dans une embuscade, et je frémis encore à l'idée des malheurs qui pouvaient vous atteindre.

— Les Arabes eussent été assez galants, madame, pour ne pas vous tuer et pour vous emmener avec eux, ajoutai-je en m'avançant.

A ces mots, qui lui firent voir le danger auquel elle venait d'échapper, elle pâlit soudainement, chancela sur son cheval et vint tomber dans les bras de Thizay qui s'était avancé pour la recevoir.

Avec l'aide de son domestique nous l'adossâmes contre le tertre de la fontaine; nous lui jetâmes quelques gouttes d'eau fraîche au visage; déjà je m'apprêtais à déboutonner le corsage de son amazone, lorsqu'elle entr'ouvrit les yeux.

— Où suis-je? dit-elle.

— Au milieu d'amis, madame, lui répondis-je.

Elle se souleva, passa ses mains gantées sur son front, et nous dit avec le plus charmant sourire :

— Ah! messieurs, vous m'avez fait bien peur avec vos Arabes; je frémis aux conséquences de mon imprudence.

— J'espère que le danger que vous avez couru vous servira de leçon, lui répondit de Thizay d'un ton sec.

Elle leva vers lui ses beaux yeux bleus, pleins d'étonnement; ce ton brusque la choquait, moi-même je ne m'expliquais pas la rudesse de langage de Thizay, habituellement très-poli et surtout très-galant avec les dames.

Elle se leva froidement, se dirigea vers son cheval; son domestique tendit l'étrier et elle sauta en selle.

— Il ne serait pas prudent, madame, de vous en aller seule, lui dis-je, car nous sommes encore à huit kilomètres d'Alger, et si vous voulez bien agréer notre escorte, nous serons heureux de vous protéger.

— J'accepte volontiers, dit-elle.

— A cheval! commanda de Thizay.

— A Toto! reprit le loustic de la troupe.

Toute cette scène avait été froide. Je ne m'expliquai pas cette contrainte que chacun de nous ressentait; de Thizay avait l'air de mauvaise humeur, l'étrangère était calme et froide, les hommes même de l'escorte n'avaient pas répondu comme de coutume par des lazzis au commandement burlesque du charmant loustic: moi-même j'étais sous le poids d'une inquiétude vague dont je ne me rendais pas compte.

Enfin nous nous mîmes silencieusement en route. Je m'approchai de Thizay.

— Elle est charmante, lui dis-je.

— Charmante, me répondit-il.

— La connais-tu?

— Non, ce doit être quelque coureuse d'aventures.

— Je ne le crois pas, elle a l'air fort distingué.

— Raison de plus, mon cher, il n'y a que ces femmes-là qui ont l'air distingué.

— Décidément, mon cher Thizay, tu es d'une humeur détestable ce soir, et je ne te reconnais pas.

— Je suis comme ça, me répondit-il sèchement.

— Oh ! ne te fâche pas, mon cher, sois de mauvaise humeur si cela te convient, et ne me cherche pas querelle, je ne suis nullement disposé à me disputer, même pour les beaux yeux de cette inconnue.

Et piquant mon cheval des deux je m'approchai de l'amazone, laissant de Thizay à ses idées sombres. Je causai avec elle de la route, du ciel, des fleurs, de ces mille banalités qui font passer le temps, et qui occupent sans préoccuper. Nous arrivâmes ainsi jusqu'à l'entrée du camp ; de Thizay, qui jusque-là s'était tenu à la tête de son escadron, s'avança vers notre groupe :

— Madame ! dit-il, veuillez nous excuser si nous ne vous faisons pas une conduite plus longue ; d'ailleurs la route est sûre d'ici à Alger.

Elle nous remercia gracieusement et nous nous séparâmes : de Thizay alla faire son rapport habituel au colonel ; quant à moi, après avoir fait rentrer mes hommes, j'allai m'habiller et je descendis au café.

Ce soir-là de Thizay ne vint ni à la pension, ni au café : en rentrant me coucher dans notre chambre commune, je le trouvai fumant sa pipe à la fenêtre.

— Te voilà ? me dit-il ; tu rentres bien tard.

— J'arrive d'Alger ; et toi, qu'es-tu devenu ?

— Je me suis fait apporter mon dîner dans ma chambre, et je n'ai pas bougé depuis.

— Tu n'es pas indisposé ?

— Non ; je parie, ajouta-t-il, que tu es allé rejoindre notre aventurière ?

— Ma foi je n'y ai seulement pas songé ; et puis je crois, entre nous, que ce n'est pas du tout ce que tu supposes.

— Vraiment !

— Il n'y avait rien de provoquant dans son allure ; c'est une très-jolie femme qui doit appartenir au meilleur monde.....

— Et qui court la prétentaine, seule, à travers champs, sous l'égide d'un mentor à quarante francs par mois, ajouta de Thizay en ricanant.

— En vérité, mon cher de Thizay, je ne te comprends pas : voilà une femme que tu n'as jamais vue, qui se présente à toi dans une circonstance un peu romanesque peut-être, je l'avoue, mais en somme qui reste dans les limites de la plus stricte convenance; et, sans autre donnée, tu la classes parmi les filles perdues, et tu es presque grossier avec elle.

— Je la déteste.

— Mais encore pourquoi? que t'a-t-elle fait?

— Parce qu'elle me déplait.

— Elle est cependant charmante.

— C'est précisément parce qu'elle est charmante que je la déteste.

— Ma foi, mon cher Thizay, je ne te comprends pas.

— Ecoute, me dit-il en s'avançant vers moi et me pressant la main, je sens que cette femme est un malheur pour moi, je l'aime comme un fou ; à sa vue, j'ai ressenti un vif sentiment de jalousie inexplicable, j'ai été choqué de la voir seule, isolée ; je n'admets pas la femme libre de toutes ses actions ; j'aurais préféré la rencontrer sous la protection d'un Othello. Je l'aime et je sens que cet amour sera malheureux, car la souffrance a commencé à son premier regard.

Vous connaissez tous mon ami le général de Thizay : c'est la fougue militaire personnifiée, les années n'ont pas ralenti son entrain: à l'époque dont je parle, il avait à peine vingt-trois ans. Il était dans l'âge des folles passions. C'était l'officier le plus brillant du régiment : joli garçon, spirituel et brave, il était aimé de nous tous; au camp, à la ville, en expédition, partout, il égayait notre vie de camaraderie.

Depuis la rencontre de Birmandreis, il était tombé dans l'abattement le plus grand, on ne l'apercevait plus que très-rarement au café, jamais au théâtre, et il arrivait toujours en retard à la pension.

Nous faisions tout ce qu'il était humainement possible de faire pour le distraire: rien ne réussissait, il fuyait nos parties fines et dans nos extras le champagne ne mettait plus un refrain joyeux à ses lèvres. Le mal était devenu contagieux, j'en ressentais toutes les atteintes, vivant côte à côte avec lui, sa tristesse m'avait gagné; par un accord tacite nous ne parlions plus de l'étrangère.

Un soir, nous étions chez l'amiral, la salle de bal était envahie par les dames; de Thizay et moi nous nous étions réfugiés dans une jolie kouba donnant sur la mer: nous étions assis vis-à-vis la porte richement niellée qui servait de cadre à toutes les têtes de femmes que la valse capricieuse amenait tour à tour en face l'ouverture. Soudain, nous vîmes apparaître et disparaître la tête charmante de notre inconnue; elle était au bras d'un capitaine d'état-major qui l'entraînait au milieu du tourbillon valsant. De Thizay se leva pour la suivre des yeux.

— C'est elle, me dit-il, tu ne t'étais pas trompé, c'est une femme du monde.

— Elle est réellement charmante, lui dis-je.

— Tiens, me dit-il, en se tournant vers moi, j'en suis heureux, car je l'aime d'un amour insensé, cette femme; depuis le jour où je l'ai vue, son souvenir obsédait ma pensée et je faisais de vains efforts pour l'en éloigner, car je craignais avoir affaire à quelque aventurière qui se serait jouée de mon amour et qui l'aurait profané dans quelque ruelle. Rends-moi un service, informe-toi qui elle est, et viens me le dire; mon émotion ne me permettrait pas de questionner prudemment.

En me parlant la figure de Thizay s'était rassérénée, le sourire était revenu sur ses lèvres, et ses yeux n'avaient plus ce regard atone qui m'effrayait depuis quinze jours.

Je me levai pour aller aux informations.

Dans toutes les sociétés, dans toutes les réunions il existe un individu qui connaît tout le monde, qui se faufile dans tous les salons, qui cause avec toutes les femmes sans être dans leur intimité, qui aborde tous les hommes le verbe haut; en général, ce type de furet des salons est de taille exiguë, de tournure frétillante, il a le bagout du monde et cet esprit de répartie qui est le propre des hommes petits et nerveux. Tel était mon ami, ou plutôt l'ami de tout le monde, M. Anatole Jacquot, commis de 3e classe à la préfecture d'Alger.

Aussitôt qu'il m'aperçut, il se précipita sur moi les deux mains tendues.

— Ah! mon cher lieutenant, me dit-il, que je suis heureux de vous voir; les chasseurs n'ont pas encore donné ce soir et nous avons besoin de renfort; il y a plusieurs dames et des plus charmantes qui font tapisserie.

— J'ai quelque chose à vous dire, lui répondis-je, pouvez-vous m'accorder une minute.

— Volontiers, lieutenant, volontiers, me répartit-il en se haussant sur la pointe de ses escarpins.

Je lui pris le bras et je l'entraînai dans le kiosque de l'Amirauté, dernière construction du dernier dey d'Alger.

Lorsque nous fûmes assis sur le divan :

— Voyons, me dit-il, qu'y a-t-il pour votre service? je suis tout à vous.

—Mon cher, c'est un simple renseignement que j'ai à vous demander. Quelle est cette charmante dame blonde qui est assise là-bas, à côté de madame X?

— Cette grande blonde?

— Oui.

— Qui a des yeux bleus?

— Oui, mon cher.

— C'est une étrangère de distinction, miss Arabella, fille de feu lord Yung, une femme charmante; je la rencontre dans le monde et je suis dans les meilleurs termes avec elle, je lui ai été présenté par mon ami le consul d'Angleterre, car vous savez, mon cher, que les Anglais sont inabordables tant qu'on ne leur a pas été présenté.

— Parfaitement. Aussi vous serai-je très-obligé de

vouloir bien nous présenter à elle, de Thizay et moi.

— Volontiers, volontiers, permettez-moi seulement de refaire le nœud de ma cravate et de changer de gants; vous ignorez peut-être qu'il faut avoir des gants immaculés pour que la présentation soit parfaite; ah! c'est que voyez-vous j'ai tant fréquenté le monde que je connais tous ces petits détails gentilhommesques et raffinés de la politesse anglaise.

— Eh bien! pendant que vous allez vous ganter, je vais aller prévenir de Thizay.

Je rentrai dans la salle de bal, et j'aperçus bientôt de Thizay qui me guettait.

— Eh bien! me demanda-t-il lorsque nous nous fûmes rejoints.

— Les renseignements sont bons, lui répondis-je, c'est la fille d'une illustration d'outre-mer, femme charmante, et le petit Jacquot va nous présenter à elle.

— Ah! fit de Thizay, j'aurais préféré un tout autre introducteur.

— Ma foi, on prend ce qu'on trouve; d'ailleurs ce n'est qu'une simple formalité.

A ce moment M. Jacquot, qui nous avait aperçus, s'avança vers nous en sautillant, et nous dit avec son sourire le plus fin :

— Eh! bien, messieurs du 1er chasseurs, êtes-vous prêts à aborder l'Angleterre?

— A vos ordres, mon cher.

Nous nous dirigeâmes vers l'extrémité du salon où miss Arabella était assise. Nous nous mîmes tous trois de front comme des fantassins au repos. Le sémillant Anatole, après s'être profondément incliné, se releva de toute sa petite taille, et de sa voix la plus caressante :

— Miss Arabella, dit-il, j'ai l'honneur de vous présenter deux de mes meilleurs amis, M. de Thizay et M. Cloc.

Miss Arabella se souleva de son fauteuil, et après avoir jeté un regard souriant à Anatole qui en rougit d'orgueil, elle se tourna vers nous.

— J'ai déjà eu le plaisir de vous voir, messieurs, sur la route de Birkhadem, et je vous avouerai que depuis ce jour où j'ai eu si grand'peur je n'ai plus osé sortir des portes de la ville.

— Mademoiselle, dit de Thizay, je ne saurais trop louer votre prudence, les environs sont infestés de maraudeurs, et nous-mêmes, comme vous avez pu le voir à Birmandréis, nous ne sommes pas à l'abri des atteintes de ces audacieux coupeurs de route.

— Je frémis encore à la pensée du danger que j'ai couru; et je vous assure que je n'ai nulle envie de recommencer, malgré mon amour pour les promenades à cheval.

— Vous avez tort de vous priver de ce plaisir favori, miss, dit M. Anatole, car vous n'auriez qu'à dire un mot pour être entourée par un escadron sacré.

— M. Anatole Jacquot a raison, mademoiselle, et si une escorte de soldats ne vous fait pas peur, il nous sera facile d'obtenir du colonel l'autorisation de vous emmener dans nos promenades militaires.

A ce moment le colonel et le consul anglais s'approchaient de notre groupe pour saluer miss Arabella.

— Ah! messieurs, vous arrivez fort à propos, dit M. Jacquot, et avec sa volubilité ordinaire il mit ces messieurs au courant de la conversation.

— Vous le voyez, ajouta-t-il, nous avons besoin de

vous : vous, colonel, pour autoriser ces messieurs à emmener miss Arabella dans leur promenade, vous, monsieur le consul, pour demander protection pour vos nationaux.

Je ne vous raconterai pas, messieurs, tous les détails de cette conversation, sachez seulement qu'en quittant l'Amirauté, de Thizay était d'une gaieté folle, et qu'il ne dormit pas de la nuit. Sa pensée tout entière était absorbée par l'idée de l'excursion qu'il devait faire le lendemain avec miss Arabella. Aussi, quoique la promenade ne dût avoir lieu que dans l'après-midi, le lendemain, dès que la diane fut sonnée, de Thizay sautait en bas de son lit. Sans nul égard pour mon sommeil, il fit retentir la chambre commune des chants les plus exagérés ; les airs, ainsi que les paroles, en étaient improvisés, il adaptait les vers les plus passionnés aux airs les plus vulgaires ; les meubles craquaient sous sa main fébrile qui préparait la toilette du jour, le linge volait par la chambre et tous les meubles étaient jonchés de vêtements. Bon gré, mal gré, je fus obligé de m'éveiller et de prendre ma part de cette joie matinale. Les projets les plus bizarres passaient par la tête de Thizay, il aurait voulu semer la route de fleurs et enrubaner les hommes du 1er chasseurs.

Enfin, l'heure charmante du rendez-vous arriva; miss Arabella déboucha par la route d'Alger ; elle avait une toilette délicieuse, par un sentiment plein d'attention, elle portait les couleurs du régiment; son amazone bleu de ciel, ornée de boutons d'argent, faisait ressortir la blancheur éclatante de sa peau. A côté d'elle, le beau Jacquot faisait caracoler, non sans perdre de temps en temps l'équilibre, un petit cheval arabe aux membres grêles; un grand sabre de cavalerie légère battait les flancs de l'animal et le surexcitait à loisir; une paire de pistolets aux crosses argentées dégorgeait des fontes. Le vieux domestique suivait derrière.

Dès qu'elle nous aperçut, la petite cavalcade prit le trot; nous-mêmes nous nous portâmes à sa rencontre; les saluts et les compliments échangés, nous prîmes la direction d'Hussein-Dey. Pendant toute la durée de la promenade, de Thizay fut plein d'entrain, et miss Arabella d'une gaieté charmante; à mi-route du camp, nous fûmes croisés par un riche Maure qui montait une belle mule oranaise richement caparaçonnée. C'était un grand et beau garçon, vigoureusement découplé, ses traits étaient réguliers et magnifiquement encadrés par une barbe noire et soyeuse, ses yeux fort beaux d'ailleurs, et d'une expression charmante.

Il connaissait M. Jacquot qui se piquait d'être arabisant. En nous accostant, il jeta un long regard humide sur miss Arabella.

M. Jacquot écorcha quelque salamalec banal avec l'indigène, qui nous salua par un geste arrondi qui sentait son hidalgo d'une lieue, puis il prit route vers Alger, et nous, nous continuâmes notre promenade vers le pont de l'Arrach en côtoyant la mer.

Ce fut le seul incident de la promenade, et quoique en apparence il eût peu d'importance, il suffit pour jeter un peu de tristesse dans notre gaieté.

— Quel est cet indigène? demanda de Thizay à M. Jacquot.

— C'est un de mes amis, répondit ce dernier, en se hissant sur ses étriers pour faire valoir l'élégance de sa taille, un riche maure d'Alger, Sidi-Hassan-el-Kortbi, autrement dit Hassan de Cordoue. C'est un garçon fort aimable, avec lequel je passe des soirées charmantes ; croiriez-vous, messieurs, qu'il conserve précieusement dans un coffret d'ébène la clef de son hôtel de Cordoue, ville que sa famille quitta vers l'an 1510?

— Oh! c'est très-curieux! dit miss Arabella.

— Très-curieux, en effet; ces musulmans sont d'un fatalisme étonnant, ils sont persuadés que leur expulsion d'Espagne, leur dispersion, notre conquête ne sont que des événements temporaires et que Dieu les appellera bientôt à dominer de nouveau le monde.

— Ces Maures sont une race abâtardie et pleine de mollesse, grommela de Thizay.

— Leur intérieur est bien bizarre.

— Je voudrais bien en visiter un, dit miss Arabella.

— C'est la chose la plus facile du monde, et si vous le désirez je prierai mon ami Sidi-Hassan de vous faire visiter le sien.

— Très-volontiers, répondit l'Anglaise.

A quelques jours de là, miss Arabella alla visiter la maison de Sidi-Hassan-el-Kortbi. Elle fut admirablement reçue par les femmes.

Elle y retourna plusieurs fois et une certaine intimité finit par s'établir entre elle et Sidi-Hassan.

Mon camarade Thizay n'avait pas vu sans un certain grain de jalousie cette liaison ; cependant il n'en parlait point, il lui répugnait de croire que miss Arabella pût supporter seulement les hommages de Sidi-Hassan. Il partageait le mépris que les Arabes ont pour les Maures ; comme eux, nous autres soldats nous n'estimons que les hommes de poudre, et nous n'accordons qu'une considération médiocre aux pékins.

Sidi-Hassan était un des rares Maures d'Alger qui fréquentassent les salons ; il était d'une politesse exquise, nous le rencontrions quelquefois dans les salons d'Alger ; il causait peu, par une raison toute simple : il parlait fort mal le français, et ayant conscience de son ignorance, il ne se hasardait à ouvrir la bouche que pour prononcer quelques monosyllabes insignifiants.

Cependant son mutisme n'avait rien de disgracieux ; il comprenait ce que l'on disait, et sa physionomie mobile, expressive, ses yeux intelligents et animés suivaient toutes les phases d'une conversation sans en rien perdre ; seulement, son regard était souvent choquant et indiscret, et plus d'une fois miss Arabella avait dû baisser les yeux devant l'œil ardent, fixe et interrogateur de Sidi-Hassan.

Un soir, de Thizay, impatienté par la façon dont il regardait la jeune Anglaise, le prit à part et lui fit observer combien cette manière de dévisager une femme était inconvenante.

Sidi-Hassan parut très-surpris de l'observation.

— Je vous remercie, dit-il, de m'éclairer sur vos usages. Dieu nous a donné les yeux pour admirer les choses créées, et je ne croyais pas plus mal faire en regardant une jolie femme, que je ne fais mal en respirant une fleur parfumée.

Miss Arabella n'avait pas été sans s'apercevoir des assiduités de Thizay et des hommages muets de Sidi-Hassan. Elle aimait la turbulence de l'officier français, et la muette adoration de l'indigène ne lui déplaisait pas. Elle n'était d'ailleurs nullement coquette et n'encourageait en rien les espérances des deux rivaux.

Les parties de cheval s'étaient organisées régulièrement, et deux fois par semaine nous faisions escorte à la jolie et excentrique Anglaise. Sidi-Hassan ne faisait pas partie de nos cavalcades, mais il était rare qu'au tournant d'une route nous ne le rencontrassions pas.

Les choses en étaient là, lorsqu'un matin, à la pension, un officier hasarda une théorie détestable sur les femmes.

Vous le pensez, messieurs, les défenseurs ne manquèrent pas, et de Thizay fut le premier à relever le gant. Il avait la foi des premières amours.

— Mon cher, vous avez beau dire, les femmes se ressemblent toutes : elles ont été créées pour faire damner les hommes.

— Mais c'est une banalité ce que vous dites là.

— Banalité tant que vous voudrez; mais quant à moi, il m'est avis qu'il est déplorable de voir un galant homme comme vous se morfondre aux pieds d'une petite Anglaise qui se figure probablement avoir vaincu la France, en vous soumettant à tous ses caprices.

Il n'est pas inutile, messieurs, de vous dire que l'officier qui parlait si haut et si mal des femmes était l'esclave très-obéissant de notre cantinière.

— Messieurs, dis-je, il ne s'agit pas de tout ça, notre ami de Thizay est amoureux et notre devoir est de l'aider dans ses amours. Toutes les femmes sont romanesques et miss Arabella plus que toute autre; son imagination ardente doit être frappée par quelques grands dévouements : c'est une femme qui aimerait le pompier qui la retirerait des flammes au péril de sa vie.

— Assez, mon cher Cloc, me dit de Thizay, votre plaisanterie me fatigue.

— Je ne plaisante nullement; d'ailleurs, pour vaincre, il faut être au milieu de son escadron ; je me demande ce que ferait le plus brave d'entre vous s'il n'était soutenu par la vaillance de ses soldats ; à chacun son métier, auprès des femmes surtout. Le mirliflor, ganté frais, vaincra dans un boudoir, en dissertant sur des colifichets, des fleurs, des riens; le poëte avec un sonnet dans lequel il aura mis toute son âme, l'avocat avec sa plaidoirie, le banquier avec ses écus, le gendarme avec le bruit sonore de sa botte éperonnée, le sot avec sa bêtise, l'officier français avec sa bravoure.

— Mieux que cela, messieurs, une femme qui nous verrait au feu, la narine dilatée, le spencer flottant, nous jeter à l'arme blanche au milieu de la mêlée, cette femme-là nous aimera, car elle nous aura vus dans toute la gloire de notre poésie.

— Où voulez-vous en venir ? dit de Thizay.

— J'arrive. Miss Arabella n'est pas une de ces femmes vulgaires, auprès desquelles il faille coquetter, c'est une âme d'élite blessée par les hommages froids et empressés du monde : elle a vu tant d'amoureux porter leurs flammes ailleurs après s'être agenouillés devant elle, qu'elle doit avoir une foi médiocre dans l'amour des hommes; il doit lui falloir des preuves suprêmes; il faut frapper son cœur par une grande action, par un de ces actes qui restent dans la vie comme un jalon pour le souvenir. — Voici ma proposition : de Thizay l'accompagnera dans une de ses promenades ; au détour d'un ravin, il tombera dans une embuscade arabe, il chargera, dispersera l'ennemi après un combat acharné et reviendra triomphant auprès de sa belle qui voudra lui consacrer une vie qu'elle lui devra. Comme soutien, de Thizay pourra avoir avec lui M. Jacquot qui tremblera dans sa peau.

— Le projet est superbe, mais l'ennemi?

— Eh bien, l'ennemi ce sera nous, déguisés en Arabes.

A cette proposition, tous les officiers éclatèrent en bravos, de Thizay seul resta impassible.

Il se leva.

— Cloc, me dit-il, nous sommes au dessert, et j'aurais tort de vous en vouloir de cette idée saugrenue; toutefois, si votre proposition est sérieusement faite, je vous serai obligé de me le dire.

— Elle est très-sérieuse.

— Eh bien, alors, permettez-moi de la considérer non-seulement comme une insulte personnelle, mais encore comme un outrage fait au corps d'officiers du 1er chasseurs. Ce que vous proposez là est simplement un guet-apens auquel vous feriez concourir tous nos camarades, et dans lequel j'aurais un rôle odieux.

A ces mots, nous nous récriâmes tous: chacun de nous s'efforça de lui prouver que l'acte que je proposais n'avait rien de choquant, que c'était simplement une plaisanterie qui devait l'aider à atteindre un but vivement désiré par lui, et qu'une fois vainqueur il lui serait aisé d'avouer son stratagème et de solliciter un pardon facile à obtenir.

Lorsque nous nous séparâmes, de Thizay était à moitié vaincu, et rendez-vous était pris pour le lendemain dans une de ces charmantes petites gorges qui entourent Alger.

Le lendemain, messieurs, à l'heure convenue, nous étions embusqués dans un massif de lauriers-roses, qui bordait la route de Kouba. Je commandais l'attaque. De grands burnous blancs nous enveloppaient et la corde en poil de chameau s'enroulait autour de notre tête.

Je donnai le signal de monter à cheval dès que j'aperçus l'ennemi. De Thizay marchait à côté de miss Arabella. M. Jacquot et le vieux domestique les suivaient; lorsqu'ils furent à une certaine distance nous nous jetâmes sur la route en vociférant à la manière des Arabes et en déchargeant nos armes. M. Jacquot fit volte-face à la première déchargeet reprit route pour Alger: il a prétendu depuis qu'il n'avait pu retenir son cheval qui, effrayé par notre arquebusade, s'était emporté.

De Thizay fit bonne contenance, comme vous pensez, et miss Arabella tira de ses fontes, que personne n'avait jamais remarquées jusque-là, une charmante petite paire de pistolets à la crosse d'ébène et à garniture d'argent: je dois l'avouer, messieurs, un frisson me parcourut le corps à la vue de ses armes non comprises dans le programme et qui reluisaient au soleil.

Le vin était tiré, il fallait le boire. De Thizay, après avoir vidé ses pistolets, s'escrimait à l'arme blanche. Au milieu du combat, nous vîmes déboucher Sidi-Hassan, qui n'était pas non plus dans le secret de la comédie, et qui, voyant miss Arabella en péril s'était jeté dans la mêlée, un yatagan à la main et avait vigoureusement attaqué un de nos camarades, qui en se défendant avec peine contre l'impétuosité de l'Arabe, le blessa assez grièvement. J'allais donner le signal de la fuite, lorsque, malheureusement pour tous, je reçus en pleine poitrine une balle que la charmante miss Arabella m'envoya de sa jolie main. Je tombai de cheval, les camarades m'enlevèrent et l'on me transporta à l'hôpital, où je restai six mois, comme j'ai eu l'honneur de vous le dire en commençant cette histoire.

A la vue de ma blessure, de Thizay n'eut pas le courage de continuer la scène, il se désola, s'accusa du malheur qui m'arrivait et chose déplorable avoua à miss Arabella son stratagème : l'Anglaise émue, comme vous le pensez, du drame qui venait de se passer devant elle, ne trouva nulle excuse à la conduite de Thizay. Elle donna l'ordre à son domestique d'enlever Sidi-Hassan, et saluant froidement de Thizay, elle le laissa seul au milieu du ravin, en proie au plus violent désespoir.

Que vous dirai-je, messieurs? six mois après je sortais de l'hôpital; j'appris que miss Arabella avait accepté la vie recluse des mauresques en épousant Sidi-Hassan. Quant à de Thizay, il eut un si profond chagrin qu'il chercha la mort dans toutes les expéditions; il se jetait à corps perdu dans toutes les mêlées, espérant y rester et en sortant triomphant malgré lui: vous connaissez tous ses prouesses, et il dut son avancement si rapide à son désespoir amoureux, qui lui fit trouver la gloire là où il ne recherchait que la mort.

Et voilà, messieurs, l'histoire de ma balle ! s'écria le colonel Cloc en terminant son récit.

L'ARBRE DES TROIS PENDUS

Sur la route de Cherchell à Koléah, on remarquait, il y a quelques années encore, un lentisque gigantesque, sur le tronc et aux branches duquel s'enlaçaient, d'un côté, un magnifique rosier blanc, de l'autre un jasmin de Syrie : dans l'intervalle de ces deux arbustes, un énorme genêt épineux étendait ses branches hérissées de piquants.

Par quel hasard ces plantes des jardins se trouvaient-elles dans ce lieu désert, au milieu de cette nature sauvage ?

C'est ce que nul ne savait.

Les gens du pays désignaient ce lentisque sous le nom de l'*Arbre des Trois pendus*, et racontaient la légende suivante :

Il y a nombre d'années, un pauvre pâtre nommé Abdallah vivait dans un gourbi placé à mi-côte du Chenoua, sur un versant qui plonge dans la mer et qui fait face à la chrétienne Tipaza.

Cet homme n'avait pour toute joie que les caresses de sa fille Halima. C'était une jeune fille de quinze ans, à la taille élancée : une chemise de cotonnade blanche recouvrait ses formes juvéniles ; une ceinture rouge, en laine, étreignait sa taille, et ses cheveux étaient mal cachés par un vieux foulard de Tunis qui lui venait de sa mère.

Halima était le type le plus parfait de la race berbère : elle était souple et élancée comme les joncs du Mazafran ; sa chevelure, longue et soyeuse, avait les reflets de l'antimoine pulvérisé ; quant à ses yeux, on eût dit deux pierres bleues de l'Inde montées sur l'émail le plus pur.

Halima était aussi douce que belle : élevée à l'école de la misère, elle était compatissante pour toutes les peines ; jamais un Mecquois n'était passé devant son gourbi sans recevoir le morceau de pain de l'aumône; aussi l'appelait-on Halima [1] la bien nommée.

Quoique jeune, elle suffisait aux besoins du ménage de son père : elle allait à la fontaine, faisait le bois, tressait les cordes pour les bestiaux, broyait le blé et pétrissait le pain.

Un jour, elle dit à son père : — Avant de partir, donnez-moi votre bournous, je le laverai ; j'ai acheté hier un quart de livre de savon à un Kabyle qui venait du marché de l'Arba.

Abdallah ne répondit pas à sa fille ; seulement il enleva son bournous et le lui tendit ; ensuite il ajusta

(1) En arabe *douce.*

son abaïa, espèce de longue chemise à manches, et, prenant son bâton, il partit rejoindre son troupeau.

Aussitôt que son père se fut éloigné, elle réunit dans une fouta son linge et s'achemina vers la fontaine qui coule au pied du fameux lentisque.

Dans presque toutes les fontaines arabes, il y a sur le rebord extérieur une énorme dalle qui forme le lit du ruisseau qui en découle.

Halima déposa son linge ; elle prit le bournous de son père, l'enduisit sur toutes ses faces de plaques de savon noir, puis l'étendit sur la dalle : l'eau blanchit immédiatement.

Halima releva l'extrémité de sa chemise et se mit à piétiner sur le bournous.

Elle était là depuis quelques instants, lorsqu'elle entendit la voix de Kédour qui chantait la romance de *Ben Debah* :

I

Après que j'eus oublié mes chagrins et mes frayeurs, — le *Mal* est venu me chercher jusque dans ma maison : — je ne voyais rien, rien ne vibrait dans mon esprit, — lorsque je fus entouré par un goum en incursion : — j'élevai ma paupière vers le Maître des maîtres, — et les larmes jaillirent de mes yeux comme un jet.

II

La cause de mon désespoir amoureux, c'est que mes yeux ont vu une gazelle — aux paupières teintes, aux sourcils arqués ; elle m'atteignit par le regard d'un œil meurtrier. — Elle m'a rendu la vie par sa lèvre rouge épanouie, — plus douce que les dattes sucrées. — J'ai goûté sa salive, pure comme la rosée. — Dieu lui a donné ces beautés : — la jeune fille ne prend pas le premier venu, — et le premier venu ne peut goûter sa salive.

III

Si elle me pardonne, c'est ce que je désire ; — si elle me repousse, je m'en irai errant par le monde. — Dans le chemin du bonheur, que d'événements me sont arrivés ! — Il m'est arrivé ce qui arrive au poisson avec l'hameçon : — il cherche la nourriture qui lui est nécessaire ! — au lieu du mets, il rencontre le fer qui déchire son ventre affamé. — Mon cœur souffre de besoin ; il cherche un aliment, et il trouve la faim.

— Oh ! l'enfant du péché ! dit Halima ; il m'a vue, il va venir vers moi !

Un léger craquement produit par le froissement des branchages de la broussaille lui fit relever la tête : elle aperçut Kédour.

— C'est encore toi, Kédour ! Ne t'avais-je pas dit de ne plus revenir à la fontaine : tu sais que l'on jase dans le douar.

— Celui qui t'a vue doit-il donc mourir, Halima ?

Halima ne répondit pas, elle continua à piétiner avec une ardeur nouvelle sur le bournous.

— Halima ! dit Kédour, que le démon s'éloigne de nous ! Écoute mes paroles : il y a tantôt un an que ton père m'a refusé ta main. Depuis cette époque, Dieu a augmenté mon bien : j'ai deux vaches, huit chèvres, et quatre-vingts douros d'Espagne. Oh ! si ton père le voulait, je te donnerais en dot tout ce que je possède ; j'irais vivre dans son gourbi et je conduirais ses troupeaux ; il pourrait se reposer.

— Tout dépend de Dieu ! répondit la jeune fille ; un berger ne veut pas pour gendre un berger, et puis tu es orphelin, tu n'as aucun parent, et mon père veut s'allier à une famille pour qu'aux jours de poudre et de malheur il puisse avoir des hommes pour le défendre. Il est vieux, Kédour, et la vieillesse fait peur.

— Oh ! Halima ! tu ne m'aimes donc plus ? Tu m'avais juré par le marabout Sidi Ameur que tu m'appartiendrais !

— Tais-toi, Kédour ; tu sais ce que je t'ai dit : *On ne donne jamais à la brebis que le bélier du troupeau, parce qu'il est fort : ça ne l'empêche pas de jouer avec son frère le mouton qu'elle aime*. Dieu fait mille miracles dans un jour. Retourne-t'en en paix ; j'entends des pieds qui marchent, et pieds qui marchent portent langue qui parle.

En effet, plusieurs femmes du douar, accompagnées de leurs enfants, étaient entrées dans le ravin et se dirigeaient vers la fontaine.

Kédour fit un mouvement de retraite et se perdit au milieu de la broussaille.

— Halima ! s'écria une vieille femme à la peau ridée, aux membres amaigris, tu es vaillante de venir seule ainsi ; tu n'as donc pas peur du lion noir ?

— Soyez la bienvenue, mère Meguerouna ! Vous savez bien que le lion n'attaque jamais l'enfant, la vierge et le vieillard.

— C'est pour ça que tu n'as pas peur ; car je vois le trou par où il est sorti, et les branches en frémissent encore.

Effectivement la broussaille remuait encore par suite du passage de Kédour. — La jeune fille rougit et ne répondit rien : elle réunit son linge et alla l'étendre sur les branches du lentisque ; puis elle revint s'asseoir auprès des femmes.

— Halima, lui dit une jeune femme, méfie-toi du fils d'Adam ; il est faux et traître comme l'églantier ; il fleurit avec les arbres fruitiers, semble promettre des fruits comme eux ; mais il ne donne jamais que des baies immangeables et des épines.

— Je ne sais pourquoi vous me dites cela. Je suis sage et n'ai rien à redouter, vous le savez bien. Je n'ai ni mère, ni tante pour vous riposter. C'est la crainte de vos paroles qui me fait venir seule à la fontaine... Et deux grosses larmes coulèrent des yeux de Halima.

— Allons, ma fille, dit la vieille Meguerouna, tout ce que nous te disons est pour ton bien. Pour une jeune fille, tu causes trop. Rappelle-toi que la parole est comme une médecine : si on l'emploie avec discernement, elle est salutaire ; si on en abuse elle devient nuisible.

Halima ne put s'empêcher de s'écrier :

— Ah ! mère Meguerouna ! ce que vous dites est vrai ; mais ne s'applique pas à ceux qui écoutent seulement.

Puis, réunissant son linge, elle se dirigea vers son gourbi.

Aussitôt qu'elle fut partie, les femmes continuèrent à deviser sur elle.

Le soleil déclinait vers l'occident, lorsque Halima

arriva chez elle. Aussitôt qu'elle se trouva seule dans son gourbi, elle ne put retenir les larmes que les quolibets des femmes du douar avaient fait monter à ses yeux ; elle maudissait ces langues qui tournaient en dérision son amour, ses rêves ; qui froissaient sans cesse sa pudeur de jeune fille, et qui lui reprochaient comme un crime sa pauvreté et son origine.

Elle était tellement absorbée qu'elle n'entendit pas son père qui rentrait.

— Halima ! s'écria Abdallah, qui, ébloui par les derniers rayons du soleil, n'apercevait pas sa fille au milieu de l'obscurité relative du gourbi.

— Mon père, articula sa voix encore pleine de larmes.

— Pourquoi pleures-tu, mon enfant ? Quelqu'un t'aurait-il insultée ?

— Oh ! mon père, c'est la tristesse que j'ai rencontrée ici en rentrant de la fontaine.

— Et pourquoi as-tu rencontré la tristesse ?

— Nous sommes pauvres, mon père, et le pauvre ne peut vivre heureux. Vous le savez, vous dont le tour de corvée revient à chaque instant.

— Halima, ne blasphème pas : si nous vivons ainsi, c'est que Dieu l'a voulu. Tiens, trais les vaches, pendant ce temps je vais aller m'asseoir chez le cheikh.

La nuit tombait, et le couchant, couleur de feu, teintait en rose le sommet du Chenoua. Le cheikh et tous les grands de la tribu attendaient l'heure du repas, assis ou étendus en cercle, à l'ombre, superflue à cette heure, d'un figuier monstrueux.

A l'arrivée d'Abdallah, tous les assistants l'accueillirent par le *soyez le bienvenu* traditionnel.

— Que Dieu vous accorde sa miséricorde ! dit le vieux berger.

Il s'assit silencieusement à une extrémité du groupe pour écouter les propos.

— Ali, dit le cheikh en s'adressant à un jeune homme dont les yeux étaient recouverts d'une bande de mousseline noire, Ali, lorsque Abdallah est arrivé, je te disais qu'un vieil Algérien, Bou-Doua, m'avait guéri une ophthalmie en m'enduisant la base des cils avec du blanc d'œuf, dans lequel on avait battu du vinaigre et de l'oignon vert. Trois jours, et j'étais guéri !...

— Puissance de Dieu ! exclama l'assistance.

— Bou-Doua était un grand médecin, que Dieu lui donne la paix !

— Salut sur vous ! dit un nouvel arrivant.

— Sois le bienvenu, répondit l'assemblée.

— Assieds-toi, dit le cheikh.

— Je ne le puis, mes seigneurs ; je suis venu pour consulter la djemââ.

Puis, élevant la voix au diapason le plus aigu, il cria :

— Je suis Allal, fils de Mohamed. Vous me connaissez tous. Mon père était homme de poudre. Vous le savez aussi, je ne recule pas. Je laboure avec deux paires de bœufs ; j'ai quinze vaches, dix-huit moutons, cent chèvres ; mon jardin est riche, et j'ai augmenté, cette année, les dépendances de mon douar par la construction d'un nouveau gourbi. Je suis à Dieu, et je lui appartiens ! Il m'a donné un fils, que grâce lui soi rendue ! vous savez, mon fils Si-Ahmed : il est grand, fort et brave. Je lui donne, le jour de son mariage, un gourbi, le blé pour l'année, la moitié de mes troupeaux et de mes cultures. Il est malade d'amour : le cœur conduit et l'homme suit. — Vous me connaissez tous : je suis Allal, fils de Mohamed, et je demande devant la djemââ, à Abdallah, s'il veut donner sa fille à mon fils Si-Ahmed.

Abdallah se leva comme poussé par un ressort.

— Que la prière soit sur le Prophète ! Je suis Abdallah le pâtre ; je suis pauvre : la félicité vient de la peine, et je te donne ma fille Halima, ô Allal, fils de Mohamed !

— Que la bénédiction soit sur vous deux ! murmura l'assistance.

Le cheikh se leva, et, dirigeant sa voix du côté de sa demeure, il s'écria :

— Oh ! hé ! les gens du douar ! Préparez la diffa pour l'assistance !

Puis, s'adressant à un enfant, il lui donna, à voix basse, des instructions que celui-ci reporta à la maîtresse du logis.

Kédour, assis respectueusement à quelque distance du groupe, avait entendu la demande du riche Allal et la réponse du pauvre Abdallah.

Le froid de la mort avait parcouru ses veines : ses espérances les plus chères, ses désirs les plus ardents s'évanouissaient devant l'ambition d'Abdallah. Le désespoir dans l'âme, il se dirigea en toute hâte vers Halima.

— Halima, dit-il à la jeune fille, qui était en train de traire ses vaches à quelque distance du gourbi, Halima, la malédiction de Dieu est sur moi ! Ton père vient de te donner en mariage à Si-Ahmed, fils d'Allal. Je viens te dire adieu et te demander le baiser que tu m'as promis de me donner le jour de tes noces ; j'irai mourir avec dans les broussailles.

— Kédour, va-t'en, répondit Halima d'une voix émue, la volonté de Dieu ne doit pas être discutée. Je tiendrai ma promesse : *On ne donne jamais à la brebis que le bélier du troupeau parce qu'il est fort ; ça ne l'empêche pas de jouer avec son frère le mouton qu'elle aime.* Le soir de mon mariage, la brebis ira voir son frère sous le gros lentisque.

— Au revoir, ma sœur.

. . . .

Pendant ce temps, la djemââ consacrait par sa présence les conditions des épousailles.

— Moi, dit Allal, je donne à ta fille cent douros de dot, et elle habitera avec mon fils le gourbi inférieur qui est au milieu des figuiers. Quant à toi, Abdallah, je te donnerai dix douros pour tes souliers. Je suis honnête homme, moi, et mon père était généreux. Réponds, ô Abdallah !

— Mes seigneurs, reprit Abdallah, je suis trop pauvre pour émettre mon avis ; Allal m'honore, et je prie Dieu d'augmenter ses biens. Ce que vous aurez approuvé sera. Cependant je suis vieux, et je voudrais vivre dans le douar de ma fille ; elle me nourrirait et je serais le pâtre de mon gendre. Vous êtes hommes, et vous savez.

— Abdallah a dit des paroles sensées, qu'en penses-tu, Allal ? Il ne serait pas juste de le séparer de sa fille, dit le cheikh.

— Ses paroles sont des ordres, répondit Allal.

Abdallah se leva et fit le tour de l'assemblée pour remercier individuellement en baisant les mains de chacun.

— Allons, mes enfants, voici le dîner qui arrive, dit le cheikh. Pose ton plat ici, approchez-vous ! Voyons, Abdallah, reconforte tes entrailles desséchées par le plaisir, ajouta le cheikh en riant. Et toi, Mohamed, tu ne viens pas ? Approchez donc ! Allons, dites : Au nom de Dieu ! et commencez.

— Au nom de Dieu ! dit Allal, et il enfonça sa cuiller jusqu'aux deux tiers du manche dans l'immense plat de couscous.

A partir de ce moment, le plus grand silence régna, à peine entendait-on le jeu des mâchoires et les aspirations des mangeurs.

— Mangez, ventres affamés ! disait en plaisantant le cheikh, pendant le repas que faisaient les hôtes, car les lois de l'hospitalité lui interdisaient d'y prendre part. Mangez, ventres affamés ! Le couscous doit être bon, car il est fait du blé que j'ai retiré hier des silos du piton. Allons, les enfants ! apportez le lait. Par la tête de Sidi-Ameur, tu ne manges pas, Abdallah ! Oh ! hé ! vous autres, là-bas, apportez les figues.

— Pour la mariée ! dit un des assistants en fourrant un morceau de mouton dans le capuchon du bournous d'Abdallah.

— Que Dieu lui donne la joie ! dit l'assistance.

Puis chacun s'écarta du plat vide en ajoutant : Louanges à Dieu !

— Eh bien ! les hommes ! à après-demain ! Demain envoyez vos femmes teindre les mains de la mariée ; nettoyez vos fusils et donnez l'orge à vos chevaux. Adieu ! restez en paix !

— Que le salut t'accompagne ! dit le cheikh, et vous autres, mes frères, que Dieu vous préserve de tout accident fâcheux.

En rentrant chez lui, Abdallah trouva Halima accroupie à l'entrée du gourbi, la tête recouverte d'un chiffon sale et déchiré.

— Pourquoi ce signe de malheur sur ta tête, ma fille ?

— Le corps appartient à l'homme et le cœur à Dieu ! Je porte le deuil de mon mariage. O mon père ! vous m'avez prise comme un douro pour acheter un peu d'aisance. Dieu ne veut pas le mal, et cependant vous me vendez. O ma mère, s'écria-t-elle en sanglotant.

— Allons, fille, tais-toi ! c'est cet enfant du péché, Kédour, qui t'a ensorcelée. La misère et la misère enfantent une plus grande misère. Sèche tes pleurs, tu épouseras Si-Ahmed, et par le péché ! je l'ai juré. Il t'aime d'ailleurs, tu le sais bien. A chaque fantasia ne venait-il pas décharger son fusil devant toi ? N'a-t-il pas fait pour t'épouser une ovation de dix pots de beurre au marabout Si-el-R'obrini, à Cherchell ? Sèche donc tes pleurs, ma fille, ôte ce signe de deuil qui couvre ta tête, et sois heureuse.

Halima ne répondit rien ; la volonté de son père était souveraine. Elle refoula au fond de son cœur ses larmes, ses espérances, et attendit le jour du mariage avec cette impatience fébrile du condamné qui attend le supplice.

Le soleil, qui vint éclairer d'un joyeux rayon le pauvre gourbi d'Abdallah, trouva Halima accablée par le coup qui la frappait. La résignation avait remplacé le désespoir ; elle était prête à subir une destinée qui lui était fatalement imposée ; seulement elle réservait son premier baiser d'amour et de femme à Kédour.

Aussi, lorsque les femmes du pays vinrent pour teindre ses mains avec le henné trouvèrent-elles Halima presque gaie.

— Que Dieu remplisse ta maison de bonheur! dit la vieille Meguerouna, c'est ton dernier jour de virginité, Halima, demain tu seras épouse.

Un long toulouil, cri aigu de joie, poussé par la bouche édentée de la vieille Meguerouna, et joyeusement modulé par des voix plus fraîches, annonça le commencement de la cérémonie.

—Ma sœur Halima, dit une femme encore jeune, je suis la tante de Si-Ahmed, et par Dieu ! personne autre que moi ne fera ta toilette.

Un haïk attaché aux deux côtés du gourbi le divisa en deux compartiments.

La tante d'Ahmed et la mariée passèrent derrière le rideau.

Pendant ce temps les femmes étendaient sur une fouta les diverses pièces de la toilette de Halima : c'était d'abord une chemise de fine cotonnade aux manches de tulle, deux mouchoirs de Tunis or et soie, un haïk rouge du Djérid et une ceinture de laine; puis, sur une pierre qui servait de table, divers récipients en terre renfermaient le henné d'Arabie, le zebed parfumé au musc pour enduire les cheveux, et enfin le h'arkous et et le koh'ol, parure des sourcils et des yeux.

Au fur et à mesure que la tante d'Ahmed avait besoin des divers objets, une main discrète les lui passait par-dessous le rideau : chaque parure transmise ainsi était accompagnée d'un long toulouil.

— Les femmes! s'écria la tante d'Ahmed quand la toilette fut terminée; faites attention. Je vais vous présenter la fiancée. Qu'elle soit maudite celle qui lui jetera un regard d'envie! Dites toutes: « Que celle qui lui lancera un mauvais œil en soit la victime. »

Les femmes répétèrent la formule.

Le rideau s'abaissa aussitôt et laissa voir la pauvre Halima assise sur un vieux tapis, la figure enlaidie par les ornements ridicules dont on avait plaqué son visage.

— Oh! la belle mariée! dit l'une.

— Qu'elle est bien parée! dit l'autre.

— Ses extrémités sont fines!

— Ses épaules larges!

— Sa gorge est comme un coing!

— Ses dents, des perles!

— Que Dieu te bénisse!

— T'accorde des enfants! poursuivait un autre.

— Oh! hé! l'épousée, s'écria la vieille Meguerouna, sois heureuse! Je le souhaite du cœur: je t'ai toujours aimée, moi! Tu le sais bien, ma petite Halima! You! you! you! et le toulouil usuel termina cette série de compliments que nous n'avons pas tous rapportés, de peur de froisser la pudeur du lecteur.

La journée se passa à manger, à rire, à chanter et à donner des conseils saugrenus à la mariée. — A la tombée de la nuit, les femmes retournèrent chez elles.

Lorsque le sommeil, eut appesanti toutes les paupières, Halima se leva et se dirigea vers le gros lentisque.

Kédour l'y attendait depuis le coucher du soleil.... Le bruit d'un long baiser d'amour retentit dans le silence de la nuit. . . . .

Au milieu d'une étreinte amoureuse, une main robuste frappa Kedour au cœur.

C'était Si-Ahmed que l'amour avait placé en vedette; il était venu rêver auprès de la source au bonheur du lendemain; le malheureux avait tout vu.

Kédour s'affaissa sur lui-même, Ahmed, ivre de désespoir, étrangla Halima avec son mouchoir de mariée, et, la hissant, il l'accrocha à une branche.

Revenant ensuite vers Kédour, il lui cracha au visage, l'étreignit dans sa ceinture et pendit son cadavre.

Ahmed, se tournant alors vers l'Orient, étendit ses deux mains vers le ciel : « O mon Dieu ! dit-il, que le sang de ces deux traitres retombe sur eux. Reçois mon âme dans ta miséricorde. »

Puis il récita la prière des morts.

Pendant ce temps, il avait retiré la corde en poil de chameau qui ceignait sa tête, et, se l'ajustant autour du cou, il monta sur l'arbre où il s'accrocha ; puis il se laissa choir, et son corps vint se balancer entre le cadavre de Halima et celui de Kédour, qu'il frôlait dans son balancement. . . . .

. . . .

Les hommes de la tribu étaient déjà réunis pour la fantasia devant le douar du cheikh, lorsqu'un berger essouflé vint leur dire que trois cadavres pendaient aux branches du lentisque.

Les hommes se hâtèrent vers le lieu du sinistre. A la vue du spectacle, chacun comprit le mystère de ces morts.

— Mes frères, dit le cheikh, Dieu se joue des hommes. Remplissons notre devoir, et que Dieu leur accorde la miséricorde et le pardon.

On les détacha alors et l'on procéda à la cérémonie du lavage et de l'inhumation.

Puis on récita les prières et on les enterra côte à côte sous le lentisque même.

. . . .

De la tombe de Halima sortit un rosier blanc;

De celle de Kédour un jasmin de Syrie;

Et un genêt épineux étendit ses branches au-dessus de la fosse d'Ahmed et empêcha le jasmin de s'enlacer au rosier.

Séparés pendant la vie, Halima et Kédour le furent encore après leur mort.

UN JUGEMENT DE KARA-KACH

Il y a des juges partout dans le monde musulman. De Mogador à Bassora, de Bokhara à Zanzibar, vous rencontrez par villes et par champs de vénérables cadis, chargés d'appliquer aux intérêts privés la sainte parole du Coran. Nulle part la justice n'est plus vénérée qu'en pays musulman, et nulle part les justiciables ne se soumettent avec plus de respect aux sentences des juges.

Cependant, quelquefois les condamnés protestent.

— Par Allah ! s'écrie le plaideur malheureux, ce jugement est un jugement de Kara-Kach !

Cette phrase universelle s'exclame au seuil de tous les prétoires. Pour ma part, je l'ai entendue au Maroc, en Algérie, à Tunis, au Caire et en Syrie.

Il y a quelques annéees, je voyageais, botte à botte, dans le Sahara, avec le cadi de Médéah. Nos montures, cherchant leur ombre, marchaient sous un soleil ardent, et la parole se séchait dans notre gorge. Sous le ciel éclatant, la nature était silencieuse, et le désert était sonore comme une coupole de mosquée : les fers de nos chevaux sonnaient clairement sur le sol calciné, et le tintement de nos étriers, aux sons argentins, éclataient purs et gais.

— Dieu nous cuit ! me dit le cadi.

Je n'eus que la force de dodeliner de la tête pour toute réponse.

— Il n'y a que l'autruche et le plaideur, continua le cadi, qui fassent route par un temps pareil !

Puis la conversation tomba.

Nous chevauchions toujours silencieusement.

Un troupeau d'autruches traversa notre horizon.

— Voilà l'autruche ! dit le cadi.

— Que Dieu lui donne de l'ombre ! répondis-je.

Ce vœu charitable m'avait coûté un effort inouï.

Soudain, au fond d'un mouvement de terrain, couchés au milieu des touffes de halfa, nous vîmes un groupe d'hommes.

— Voici les plaideurs ! dit le cadi.

— Que Dieu leur donne la justice !

Ces hommes ne bougèrent pas et nous laissèrent aller à eux.

— Seigneur, dit le plus âgé en nous accostant, nous savions que tu passais aujourd'hui sur notre territoire, et nous sommes venus te demander l'application de la parole d'Allah. Voici mon adversaire, et voici la cause de notre différend.

Les plaidoiries commencèrent, et chacun se défendit comme il put. Le cadi, toujours juché sur son cheval, écoutait les plaideurs. Puis il rendit sa sentence. Perdants et gagnants embrassèrent respectueusement sa main pendante, et nous reprîmes notre route.

Après notre départ, les plaideurs continuèrent à se disputer, et au milieu des éclats de voix qui allaient sans cesse en s'éteignant, j'entendis distinctement le perdant qui disait avec dépit :

— Par Allah! ce jugement est un véritable jugement de Kara-Kach!

— Seigneur, dis-je au cadi, quel est donc ce Kara-Kach dont les jugements sont si fameux?

— C'était un juge intègre qui appliquait sévèrement la loi, et qui poussait la logique jusqu'à ses dernières limites. Il atteignait parfois au sublime.

— Ah! vraiment!

— Un de ses jugements suffira à te le faire connaitre.

— Parle, j'écoute!

La brise s'était levée, et nos chevaux, redevenus fringants, buvaient de l'air.

— Seigneur, me dit le cadi, en ce temps-là, — il y a plusieurs siècles, — Kara-Kach était cadi au Caire. Confiant en la parole de Dieu, il ne s'en rapportait jamais à sa seule raison, et comme il était très-versé dans les livres saints, il savait appliquer le texte du Coran.

— Grande science! exclamai-je.

— Grande science! continua le cadi, aussi était-il très-vénéré, et son jugement le plus célèbre est celui qui amena l'éborgnement de tous les menuisiers du Caire.

Voici quelle était la cause :

Il y avait au Caire un pauvre tisserand appelé El-Houki. Il vivait péniblement de son état, et le soir, en étreignant sa femme dans ses bras, la misère restait entre eux deux. De joies, il n'en avait aucunes, et leur sort était pitoyable. Cette grande tristesse de la pauvreté s'accrut encore par la volonté d'Allah. Chaque soir, le tisserand étendait son tissage dans sa boutique, et chaque matin il le trouvait séché et prêt à être livré aux pratiques. Le gain du jour faisait oublier la fatigue de la veille, et son cœur restait vaillant. Dieu lui envoya une nouvelle épreuve. Un matin, en ouvrant sa boutique, il s'aperçut que la pièce de toile qu'il avait tissée la veille, lui avait été dérobée.

Il éleva sa paupière vers le *Maître* des *Maîtres*, et dit :

— Dieu est grand !

Puis il chercha par où le voleur avait pu s'introduire : la serrure était intacte et les battants de la porte en bon état.

Il se résigna et travailla avec plus d'ardeur pour réparer sa perte.

Le lendemain il eut un moment de désespoir en s'apercevant que le voleur était revenu.

— Merci, mon Dieu, s'écria-t-il dans sa douleur, si cette épreuve doit me compter dans l'autre vie !

Le soir en rentrant chez lui il raconta sa mésaventure à sa femme.

Dieu les prit en pitié et leur envoya le sommeil après les larmes.

C'était le troisième jour. Il vint ouvrir sa boutique en compagnie de sa femme. Tous deux eurent un blasphème sur les lèvres en voyant que la toile tissée la veille avait encore été volée.

El-Houki vérifia de nouveau la solidité de la porte ; après avoir constaté que le voleur n'avait pu s'introduire par effraction, il aperçut au plafond un petit ciel ouvert qui donnait sur la terrasse,

— Voici le chemin du larron ! s'écria-t-il.

— Oui, c'est par là qu'entre le fils du Péché ! s'exclama sa femme.

Ils se consultèrent tous deux un instant et il fut décidé qu'on fermerait le ciel ouvert au moyen d'une grille ; mais lorsqu'il s'agit d'exécuter ce projet ils s'aperçurent que cette fermeture coûterait fort cher et qu'ils n'avaient pas d'argent. La désolation revenait dans leur âme lorsque El-Houki eut une idée lumineuse : il alla chercher un épieu, l'amincit à une extrémité, le ficha en terre et présenta la partie aiguë à l'orifice de l'ouverture.

— Femme ! dit-il, le voleur en rencontrant cet obstacle aura peur et n'osera se hasarder à descendre dans la boutique.

Puis satisfait de sa ruse, son travail fini, il ferma son atelier et rentra paisiblement chez lui.

Au milieu de la nuit, lorsqu'il ne vit plus que les chats courant les gouttières, le voleur vint comme de coutume pour commettre son larcin. La nuit était très-sombre et en se baissant pour s'introduire par la lucarne son œil gauche rencontra l'extrémité aiguë de l'épieu. Il poussa un cri de douleur, et, perdant connaissance, il s'affaissa sur la terrasse.

La rosée du matin le rappela à la vie.

Il alla de suite chez un chirurgien célèbre qui lui déclara que l'œil était crevé et qu'il serait borgne le restant de ses jours.

Ce voleur n'était autre qu'un menuisier voisin et ami du tisserand ; il s'appelait El-Nedjar.

Le jour venu il se présenta au prétoire du cadi Kara-Kach. Le cadi était entouré de ses assesseurs et le greffier taillait son calame.

— Seigneur ! dit El-Nedjar en se prosternant devant le magistrat, je viens réclamer la justice de Dieu.

— Où est ton adversaire?

— Il est chez lui.

— Je suis intègre, dit le cadi, et ne saurais écouter ton accusation sans entendre la défense.

— Qu'on aille chercher El-Houki, ajouta Kara-Kach.

Quelques instants après le tisserand sévèrement conduit par un chaouch fit son entrée dans le prétoire.

— Parle maintenant, dit le cadi au menuisier.

— Dépositaire de la justice d'Allah, s'écria ce dernier, la vérité seule sortira de ma bouche. Poussé par le démon du Vol, — que Dieu le maudisse! — j'allais dans le désir de m'offrir des chemises à bon compte, dérober chaque nuit de la toile dans la boutique d'El-Houki. Hier soir ce menuisier criminel m'a crevé un œil au moyen d'un piége infernal.

— Eh bien! fit le cadi, il ne fallait pas aller voler.

— Seigneur, je réclame contre le châtiment, la loi n'a pas dit que le voleur aurait l'œil crevé.

— C'est vrai, dit le cadi, le Coran est explicite sur ce point, il dit au chapitre V, verset 42: « Quant à un « voleur et à une voleuse, vous leur couperez les mains « comme rétribution de l'œuvre de leurs mains; comme « châtiment venant de Dieu; or Dieu est puissant et « sage. » Voilà le texte exact et le fait est qu'il n'y est nullement question de l'œil. Par conséquent, ajouta Kara-Kach, ta cause est entendue: comme tu as déjà un œil crevé illégalement, je me bornerai à te faire couper une seule main.

Le menuisier se récria, mais le cadi lui imposa silence. Puis il se tourna vers El-Houki :

— Quant à toi, lui dit-il, ton affaire n'est pas moins claire, le verset 49 du même chapitre V, dit : « Dans ce « code nous avons prescrit : âme pour âme, œil pour « œil, nez pour nez, oreille pour oreille, dent pour « dent. Les blessures seront punies par la loi du ta- « lion. » Tu as crevé l'œil du menuisier, donc on va te crever un œil.

— O puits de science, s'écria le tisserand désespéré, ce n'est pas moi qui lui ai crevé un œil, c'est Allah qui l'a voulu ainsi ; je n'ai été que l'instrument d'une punition du Très-Haut.

— La cause est entendue, dit Kara-Kach, je n'aime pas les longs plaidoyers ; je ne suis ici que pour appliquer la loi et je l'applique. Allons, chaouchs, que l'un de vous coupe le poing du menuisier tandis que l'autre crèvera l'œil du tisserand.

Puis il ajouta :

— Greffier, enregistrez soigneusement ce jugement pour qu'il serve de modèle aux jurisconsultes de l'avenir.

Le menuisier maudissait la malencontreuse idée qu'il avait eue de réclamer ; quant au pauvre tisserand, il pleurait sur son malheureux sort. Pendant ce temps les chaouchs apprêtaient leurs outils pour exécuter la sentence du sage Kara-Kach.

Déjà un fer rougi rayonnait sous la prunelle du tisserand, lorsque celui-ci, fou de désespoir s'écria :

— Seigneur, un mot seulement et je me soumets !

— Parle, dit le cadi.

— Perle de l'intelligence! reprit El-Houki, en appliquant la loi de Dieu vous n'avez pas réfléchi qu'en me crevant un œil vous me ruiniez, tandis que moi en crevant l'œil du menuisier je ne lui ai causé qu'un dommage relatif.

— Comment cela?

— C'est bien simple, seigneur, il est menuisier de son état et pour égaliser ses planches et suivre le fil de son rabot il est obligé de fermer un œil; donc il en a un de trop; tandis que moi, je suis tisserand de mon état, comment ferai-je pour voir courir ma navette de droite à gauche et de gauche à droite si je n'ai qu'un œil? J'ai besoin de mes deux yeux!

— C'est vrai! dit le cadi.

— Réfléchissez, seigneur!

Kara-Kach se recueillit un instant; puis, après avoir consulté ses assesseurs il renvoya les parties suffisamment punies par Dieu.

Seulement comme dans les considérants du jugement, il avait été constaté que les menuisiers avaient un œil de trop, il soumit au Sultan un projet de décret pour que ces artisans eussent tous un œil crevé.

Ce décret fut promulgué, et voilà comment toute une génération de menuisiers fut éborgnée au Caire.

UN PIED DANS L'EAU

I

Ils étaient deux assis dans la boutique.

Le plus jeune, accroupi sur une natte, au fond, introduisait avec patience, au moyen d'un tube de verre, de l'essence de rose dans une coque vidée d'œuf de tourterelle. Le second fumait dans une longue pipe en bois de cerisier, assis sur la devanture du magasin.

— Ah! Moustefa, dit le premier, l'amour est une étrange chose! Le cœur conduit et l'homme suit. Par la chasteté de ma mère! je ne l'ai point vue, mais elle doit être belle comme la lune dans sa quatorzième nuit!

— Ali, tu es jeune et par conséquent fou; je ne

comprends pas ta passion ! Tu vois une femme passer devant ta boutique, son regard s'arrête, sans doute par hasard, sur le tien et immédiatement te voilà pris d'une grande passion pour un visage peut-être variolé et qui retiendrait la moitié d'une poignée de lentilles qu'on lui lancerait à la face.

— Le cœur conduit et l'homme suit ! répondit philosophiquement Ali, et il continuait son œuvre de patience qui consistait, comme nous l'avons dit, à emplir goutte à goutte, d'essence de rose, un œuf de tourterelle.

— Que la paix reste avec toi ! dit Moustefa en se retirant, et fasse le ciel que la femme que tu convoites ne soit pas celle d'un bon musulman !

— Que le salut t'accompagne, frère ! répondit Ali. Je n'aurais jamais cru qu'il entrât une once d'essence de rose dans un œuf si petit, ajouta-t-il lorsqu'il fut seul.

Puis il ferma l'orifice avec un bouchon de cire jaune.

L'opération terminée il balança méthodiquement l'œuf au-dessus de ses yeux pour s'assurer de son poids et de la parabole qu'il pouvait décrire.

Son bras traçait encore une courbe dans l'air, lorsqu'une femme recouverte d'un fin *haïk* de Tunis, suivie de sa négresse, s'arrêta devant la boutique.

— Marchand, dit-elle, as-tu de l'antimoine pulvérisé ?

— Oui, créature de Dieu ! Quelque précieux qu'il soit il est encore indigne de noircir ta paupière.

— Donne-m'en une once.

— Femme, répondit Ali, que ton oreille soit sourde,

si tu n'entends pas mes paroles : depuis que je t'ai vue je n'ai plus ma raison; veux-tu me laisser t'aimer?

— On est bien forcée de vouloir ce qu'on ne peut empêcher, répondit-elle.

La déclaration ainsi faite et acceptée, Ali remit à la jeune femme une fiole niellée en argent, puis au moment où elle se retirait il lui jeta l'œuf de tourterelle sur le sommet de la tête : la frêle enveloppe se brisa au choc et le précieux liquide s'épandit sur les vêtements de la belle inconnue.

Ali se hâta de baisser le filet en sparterie qui fermait, de jour, sa boutique et il suivit la chalande. Dans sa marche gracieuse et ondulée elle laissait derrière elle un sillon de parfum qui faisait épanouir le cœur d'Ali.

Elle s'arrêta bientôt devant une porte et dépêcha sa négresse au-devant de l'élégant marchand.

— Seigneur, dit l'esclave, ma maîtresse vous dit que si le démon vous acharne à sa poursuite, vous feriez mieux de le maudire et de retourner à vos affaires.

— Vas lui dire que je me meurs! dit Ali.

Un instant après la porte s'entrebâillait et laissait apercevoir un coin de mouchoir blanc. Dans le langage allégorique et amoureux de l'Orient c'était la permission d'entrer.

Ali s'avança lentement, et choisissant le moment où la rue était déserte, il se perdit furtivement dans la porte qui se renferma lourdement.

II.

— La cannelle est chère, Ali, et le Grec qui nous la fournit n'en reçoit plus.

— Oh ! elle est belle, Moustefa, à vous faire devenir renégat !

— Ce chien de Grec qui monopolise les épices ! Qu'il soit maudit !

— Elle se nomme Ourida, la petite rose ! Tiens ! mets ta main sur moi, mon corps tressaille encore de son dernier baiser.....

— Amour et folie ! Eh ! que me font à moi tes aventures. Va les raconter à la lune ! Ta belle passion est quelque fille maudite sans père ni mari.

— Par Allah ! Ne blasphème pas ; elle est jeune et belle ! On lui a fait épouser un vieux barbon: de face sa barbe est noire encore ; mais de profil elle est grise comme le poil de ma mule.

— Comme la mienne, alors ?

— Oui, comme la tienne.

— Et où demeure ton amour? Son quartier me dira qui elle est.

— Elle habite près la voûte de Sidi-Alî-Chérif.

Si Ali n'eût pas été absorbé par sa pensée, il eût vu la pâleur s'épandre comme une jatte de lait sur le visage de Moustefa. Le frisson de la jalousie parcourut son corps : ne demeurait-il pas dans ce quartier et sa femme ne s'appelait-elle pas Ourida !

— Tu es jeune et tu mens : le papillon qui ne fréquente que les ronces prétend avoir le premier baiser de la rose.

— Par l'âme de mon père, ce que je dis est vrai !

— Et quand retournes-tu la voir, car un si beau fruit ne se mange pas en un jour.

— Entre les deux prières de l'après-midi, car son maître ne rentre chez lui que le soir. A demain, Moustefa !

— A demain, Ali, et qu'Allah te garde.

III.

— L'essence de rose devient aussi rare que la cannelle, Moustefa.

— Eh bien, Ali, as-tu été heureux?

— La récolte de rose a manqué à Tunis et nous ne pouvons nous procurer de l'essence que chez les juifs, race maudite !

— As-tu revu ta chaste Ourida?

— Curiosité, langue bavarde ! répondit Ali. Mon bonheur est si grand qu'il ne peut être dit ; oui, je l'ai revue plus belle et plus douce que jamais. Elle était sur mon sein et nous nous oubliions dans un long baiser d'amour lorsque le marteau de la porte retentit. Prompte elle s'échappa de mes bras et ouvrit à la hâte le vaste coffre qui renferme ses parures. J'avais compris, je m'y blottis : il était temps; la négresse avait ouvert. Le mari, — car c'était lui, — entra. Sans proférer une seule parole, il se mit à parcourir la maison ; puis il partit. Je sortis de ma cachette, et j'embrassai Ourida qui, plus froide que le marbre, me dit : A demain.

— Et moi aussi je te dis à demain, car je suis curieux de connaître la suite de ton histoire.

Le lendemain Ali et Moustefa étaient réunis dans la boutique de ce dernier.

— Aujourd'hui, dit Ali, la scène a encore été plus dramatique qu'hier. A peine avais-je eu le temps de lui dire : Prunelle de mes yeux ! qu'un vacarme épouvantable annonça l'arrivée de l'époux. Elle et sa négresse n'eurent que le temps de me rouler dans un tapis de Turquie. Ce qui se passa, je n'en sais rien, car l'épaisseur du tapis m'empêchait d'entendre; ce que je sais, c'est qu'en sortant de là, Ourida ne put me parler. La négresse me prit par la main, me conduisit vers la porte et me dit : Ne reviens que demain à l'heure de la prière de l'*asseur*.

— C'est qu'à cette heure la rusée suppose que son mari sera avec Dieu ! murmura Moustefa.

— Demain, si Allah le veut, ce sera le jour de la joie.

IV

— Moustefa, pourquoi as-tu amené ta femme et pourquoi nous as-tu réuni aussi mystérieusement chez moi? Pourquoi cette convocation de tous les membres de la famille?

— O toi! père d'Ourida, et vous, frères de mon épouse, je suis venu vers vous afin d'éviter le scandale. Votre fille et votre sœur est coupable, et je veux vous faire partager la certitude qui déchire mon cœur. Vous avez, sur ma prière, engagé Ali à venir partager la diffa. Le complice d'Ourida lui-même, à la fin du repas, fera le récit de votre déshonneur et du mien.

— Qu'elle soit maudite si elle a failli! dit le vieux père Ahmed.

Tandis que les hommes étaient assemblés dans une chambre jurant la mort d'Ourida si elle était coupable, les femmes réunies dans une salle adjacente préparaient le festin : Ourida était au milieu d'elles, pâle et triste.

Deux coups frappés à la porte de la rue firent fuir les femmes qui se trouvaient dans la cour, — on sait que toute musulmane doit se soustraire aux regards de l'homme.

Un des frères d'Ourida alla ouvrir.

A travers les rideaux, les filles d'Ève virent entrer un grand et beau garçon élégamment vêtu : c'était Ali.

A sa vue, Ourida sentit le cœur lui manquer : elle comprit le piége qu'on lui tendait.

— O mon Dieu ! pensa-t-elle, je suis perdue ! Comment lui faire savoir que je suis ici !

— Sois le bienvenu, Ali, dit le vieil Ahmed ; je remercie mon gendre d'avoir eu l'heureuse idée de t'amener chez moi partager notre repas de famille. La vieillesse aime la jeunesse parce qu'elle se souvient.

On apporta un trépied incrusté de nacre, sur lequel une esclave posa un immense plateau en argent chargé d'un service complet : le milieu de la *seuffra* était occupé par un plat de couscoussou blanc comme la neige, émaillé de grains de grenades aux reflets de rubis.

— Moustefa nous a raconté une histoire merveilleuse de toi, et je serais heureux de l'entendre de ta bouche.

— Sidi-Ahmed, dit Ali, je n'oserai jamais me départir envers vous du respect que la moustache noire doit à la barbe blanche.

— Allons, enfant, oublie-moi, la vieillesse se réchauffe aux récits du jeune âge. Tes histoires d'amour me rappelleront peut-être les miennes, et quel est celui d'entre nous qui n'a laissé derrière lui un souvenir de folie!

— Allons, Ali, parle, nous t'écoutons, dit Moustefa d'une voix émue.

Ali commença son récit; il raconta ce que nous savons, se complaisant dans l'énumération des beautés de sa bien-aimée, et détaillant avec délices les quelques instants d'amour et d'extase qu'il avait dérobés à la surveillance du farouche époux.

— Le troisième rendez-vous, dit-il, fut plus étrange que les deux premiers. J'étais entré ! — Sans proférer une seule parole, nous nous tenions dans une étreinte passionnée, ses longs cheveux épars m'enveloppaient, sa ceinture tombante promettaient déjà le bonheur, lorsque le fatal marteau s'abattit et résonna dans nos cœurs comme le cri du hibou sur la tombe des morts. Je n'eus qu'une idée, la sauver ! Je l'aimais tant !... — Sans calculer le danger, je me pendis à la corde du puits, et je me laissai couler au fond. Un bruit vague parvenait jusqu'à moi : c'était l'époux furieux qui, convaincu cette fois, ne ménageait ni les cris, ni les coups.

A ce moment une voix aimée se fit entendre; c'était celle d'Ourida. La jeune femme, ne sachant quel moyen employer pour avertir Ali de sa présence, avait pris le jeune enfant de sa sœur, lui avait arraché un cri dans un baiser de désespoir, et s'était mise à chanter pour apaiser la douleur de la petite créature.

En reconnaissant la voix d'Ourida, Ali devina le complot qui se tramait.

— Eh bien ! dit Moustefa, après ?

— Eh bien ! ma position était critique : je sentais la

corde céder, l'eau semblait s'avancer ; j'en touchais la surface; soudain je sens mon pied dans l'eau ; je poussai un cri et je m'éveillai...

— Comment, tu t'éveillas ! s'écria l'assistance.

— Hélas ! oui ; que ne dure-t-il encore ce beau rêve de nos amours que j'allais te raconter à chaque réveil !

— Et Ourida ! dit Moustefa d'une voix haletante, c'était un rêve aussi ?

— Oui, un rêve que je ne retrouverai qu'au ciel, et pour le gagner, — ajouta-t-il en élevant la voix, — je pars demain pour la Mecque demander à Dieu l'oubli de mon rêve et sa réalisation dans l'autre monde !

LE SOC ET L'ÉPÉE

I

LES OUAMRI.

— Pas tant de tumulte ! cria le caïd. Etes-vous des hommes ou n'en êtes-vous pas ? On se croirait au milieu d'une assemblée de femmes privées de leurs époux ! Maudissez Satan, mes enfants, et rougissez de vos craintes.

— Mais, seigneur, s'écria un vieillard, ce village de chrétiens que l'on va créer dans la vallée est une ruine pour notre contrée.

— Certainement, crièrent plusieurs voix ; ce village sera la cause de notre ruine !

— Ces chrétiens sont rusés !

— Ils vont prendre nos meilleures terres !

— Nos filles ne pourront plus aller aux champs !

— Et nos troupeaux ne pourront plus pacager librement !

— Et nos femmes, quels dangers pour elles !

— Par l'âme du prophète, caïd, ces chrétiens viennent chez nous comme une malédiction !

Le caïd s'était levé et dominait de toute la hauteur de sa taille les Arabes accroupis autour de lui.

— Vous tairez-vous, enfants du péché !!! Et me laisserez-vous parler ? Ne suis-je pas de votre sang ? Écoutez-moi donc.

Un grand silence se fit dans l'assemblée.

— Combien ai-je de balles dans le corps ?

— Tu en as quatre !

— Comment les ai-je reçues ?

— En défendant le territoire contre les Français !

— Suis-je un brave ?

— Tu es un brave !

— Aux heures de la poudre m'avez-vous vu reculer ?

— Jamais !

— Écoutez-moi donc ! Les décrets de Dieu sont impénétrables. L'ennemi que Dieu nous a envoyé nous a vaincus : c'était écrit !

— C'était écrit ! murmura l'assemblée.

— Quel est celui de vous qui doute de la volonté d'Allah ? Dans sa miséricorde il nous a envoyé un conquérant juste et humain. Lorsque sa poudre s'est tue vous a-t-il opprimés ? Non ! Vos terres ? vous les possédez. Vos épouses ? elles sont fidèles. Vos mosquées ? il les respecte et les répare. Avant sa venue les Turcs nous écrasaient d'impôts et nos produits n'avaient pas de marché : les sentiers étaient impraticables l'hiver et ne laissaient passer que la misère venant chez nous. Regardez maintenant les routes qui sillonnent le pays : un enfant peut conduire, par la neige, son âne chargé jusqu'à Médéah.

— C'est vrai !

— Que craignez-vous donc lorsque tout est profit pour vous ? La création de ce village sur les terres incultes de Beylik sera une richesse pour la contrée. Soyez gens de sens et préparez-vous à recevoir nos nouveaux voisins comme des frères.

— Comme des frères ! Jamais ! s'écria un Arabe en se levant.

— Tais-toi, Ali ; tu blasphèmes ! dit le caïd.

— Me taire, moi ! un homme ! Moi, recevoir le chrétien comme un frère ! Ah ! combien la foi a faibli dans vos cœurs, ô croyants !

— Vas-tu nous faire un sermon et nous prouver que nous sommes de mauvais musulmans ? Reste en paix et garde ta folie pour ta tête de poëte. Au lieu de maudire, récite un de tes beaux poëmes ; l'heure du repos est venue et l'assemblée t'écoute.

Ali-ben-Kouider était un enfant du pays.

Il avait fait ses études à l'université de Mazouna, la plus célèbre de l'Algérie, et il y avait puisé cette intolérance religieuse qui, à l'époque dont nous parlons, était commune à tous les lettrés musulmans. C'était un grand et beau garçon aux traits accentués ; ses yeux remarquablement brillants avaient des reflets fauves et sa lèvre gracieusement renversée ajoutait un charme indéfinissable à sa physionomie : il y avait en lui du moine et du trouvère. Malgré son fanatisme il était très-aimé dans la tribu des Ouamri. Il était orphelin et la Djemàa l'avait choisi pour le mettre à la tête de l'école communale : il apprenait aux enfants la lecture, l'écriture et aussi la parole de Dieu,

Le soir, aux veillées, il allait de tente en tente, récitant les poésies des anciens. Fervent musulman, il ne fréquentait pas les villes pour ne pas se rencontrer avec les chrétiens, dont il pensait tout le mal possible, et dans sa solitude il gémissait sur la tiédeur des croyants.

— Allons, Ali, dit le caïd en riant, l'assemblée attend.

— Vous le voulez, âmes tièdes, eh bien ! ma poésie va faire saigner vos cœurs.

— Inspire-toi, ô poëte ! fit l'assemblée.

Ali releva le haïk qui entourait son visage, et, se hissant sur ses genoux, il improvisa :

« Enfants, allez-vous-en, retournez en arrière ; — Vous ne pourriez suivre mes pas, — Vos pieds sont délicats pour marcher sur la pierre. — Arrière ! arrière, et ne me suivez pas.

« Moi, je suis l'homme fort; il faut que ma famille — Soit rude et forte comme moi ; — Je n'aime que les gens à barbe et dont l'œil brille — Au moment de l'effroi.

« Je voyage le jour et la nuit, à toute heure, — Sans lune et sans soleil, — A peine si le vent de la tempête effleure — Mon corps épuisé de sommeil.

« Je suis comme un lion qui vit dans sa tanière : — L'isolement vaut mieux qu'un mauvais compagnon. — Je regarde devant et jamais en arrière, — Je me nourris de sel, de pain, d'huile et d'oignon.

« L'homme n'est malheureux que parce qu'il tâtonne — En marchant et qu'il croit à la nécessité ; — Moi, je marche la nuit quand le tonnerre tonne, — Au milieu des éclairs et de l'obscurité.

« En voyant les humains je gemis et déplore — L'irreligion et l'amour de l'argent : — Quand la flèche s'enfuit la corde vibre encore — Comme une mère en deuil qui pleure son enfant.

« Enfants, allez-vous-en, retournez en arrière, — Vous ne pourriez suivre mes pas — Vos pieds sont délicats pour marcher sur la pierre. — Arrière ! arrière ! et ne me suivez pas.

« Allez vous réchauffer sous l'*haïk* de nos femmes, — Faites teindre vos doigts avec le blond *henné* ; — « Vos corps sont des fourreaux dépourvus de leurs lames, — Des pistolets chargés de farine et de lait.

« Moi, lorsque j'ai besoin d'être en bonne fortune, — Je m'étends sur le sol et m'endors avec lui ; — Cette maîtresse-là ne m'est pas importune, — Elle m'embrasse encor quand le soleil a lui.

« Il vous faut des parfums, du café noir, du sucre, — Vos cœurs souvent aigris se nourrissent de miel ; — Vous poussez jusqu'au vol l'amour ardent du lucre : — Je ne possède rien et mon cœur est sans fiel.

« Hommes ! écoutez-moi, ne soyez pas impies, — Ne reniez pas Dieu car il est éternel. — Rachetez vos péchés, faites des œuvres pies, — Pour qu'au jour du pardon il vous ouvre le ciel.

« Raidissez votre corps s'il a peur des fatigues, — Privez-le des plaisirs, des amours débauchés ; — Devenez généreux et de bienfaits prodigues, — Et Dieu pardonnera pour tous vos vieux péchés.

« Enfants, allez-vous-en, retournez en arrière, —Vous ne pourriez suivre mes pas; — Vos pieds sont délicats pour marcher sur la pierre. — Arrière! arrière! et ne me suivez pas. »

L'assemblée applaudit aux vers du poëte.

— Voilà de la poésie d'homme, Ali, dit le caïd, et nous sommes tous fiers de t'avoir entendu.

— La poésie vient de la prose comme la joie du chagrin, répondit Ali; aussi ai-je la foi que de notre affliction sortiront l'allégresse et le triomphe de l'Islam.

— Par la tête du Prophète! s'écria le caïd, ce maître d'école est désespérant! Attends, Ali, que ta lèvre soit cachée pour faire la leçon aux gens à barbe.

— Voici un Français qui descend le sentier, s'écria un jeune berger.

— Qu'il soit le bienvenu parmi nous, dit le caïd.

Au même instant on vit déboucher sur le plateau où étaient réunis les Arabes un vigoureux garçon dont le torse puissant était recouvert d'une blouse grise; son visage basané comme celui d'un indigène était abrité par un large chapeau de paille; il portait un fusil à deux coups en bandoulière ainsi qu'un lourd carnier: un magnifique épagneul le suivait.

— Salut sur vous, dit en arabe le nouvel arrivant.

— Sur toi le salut, répondit l'assistance.

— Sois le bienvenu, Antonio, ajouta le caïd; tu viens trafiquer dans nos pays?

— Comme de coutume. Avez-vous des bœufs dans la tribu? quant à moi, j'ai de belles pièces de cent sous toutes neuves à vous donner en échange.

— Tiens, assieds-toi là près de moi, dit le caïd, nous causerons.

Celui que les Arabes appelaient Antonio était un ancien soldat du 60e régiment de ligne, où il était connu comme un brave sous le nom d'Antoine Marceau. Il était Tourangeau et à la fin de son congé il était retourné au village, mais il y avait trouvé la maisonnette paternelle vide, la mort en avait forcé l'entrée ; aussi la nostalgie du soleil aidant, il avait réuni son modeste héritage dans un petit sac en cuir et était revenu en Afrique. A son arrivée il entreprit le commerce des bestiaux et depuis cinq ans qu'il exerçait le métier de marchand de bœufs, il était connu pour sa probité dans toutes les tribus de la sudivision de Médéah.

L'ancien soldat traversa l'enceinte formée par les Arabes accroupis et alla s'asseoir auprès du chef de la tribu.

Il posa son fusil derrière lui et ramena la panse gonflée de son carnier sur ses genoux.

— Quelles nouvelles apportes-tu de la ville ? demanda le caïd.

— Tout va pour le mieux, répondit Antoine ; on se prépare à recevoir de nouveaux colons de France, et je crois que quelques familles doivent venir s'installer sur votre territoire.

— Elles y seront bien reçues, dit le caïd.

— Le cœur fermé ! ajouta Ali.

A ces mots le caïd se leva.

— Ali ! dit-il d'une voix ferme, ce n'est point par des paroles amères qu'il est de tradition de recevoir l'étranger ; l'hospitalité, cet acte béni d'Allah, est plus courtoise. Retire-toi de cette assemblée et ne fais pas jaunir de honte des hommes comme nous. Quant à toi, Antonio, ne prends nul souci des paroles de ce taleb, il n'a ni femme ni enfant.

— A-t-il des bœufs, au moins ? dit en riant Antoine; je les lui achèterai.

— Tu insultes à ma pauvreté, dit Ali.

— Moi, du tout ; mais rien ne rapproche les hommes comme la vente et l'achat.

— Et l'échange des bons procédés, ajouta sentencieusement le caïd.

— Demain, mes amis, dit Antoine, ceux qui auront des bestiaux à vendre me trouveront, dès l'aurore, sous cet arbre, et ouvrant son carnier il en tira une sacoche de cuir pleine d'argent et solidement cadenassée.

— Tiens, caïd, dit-il en la tendant au chef indigène, fais-moi le plaisir de me garder cet argent jusqu'à demain.

— Allons, mes enfants, dit le chef arabe, la nuit est avancée, que chacun se retire avec les siens. Quant à toi, Antonio, je t'offre l'hospitalité de ma tente.

— Merci, répondit le Français, le ciel est beau, la terre est douce et je dormirai fort bien sous cet arbre.

— Comme tu voudras, tu es homme et tu sais. D'ailleurs, tu n'as rien à craindre.

— Et je ne redoute rien, dit Antoine en dirigeant son regard sur Ali ; j'ai là Médor qui me préviendra s'il faut que je réveille mon camarade.

Et ce disant, il fit chanter les batteries sonores de son fusil.

Les Arabes se levèrent un à un et prirent congé du

chef en lui baisant la main, suivant l'usage musulman.

— A demain, mes amis, amenez-moi vos bœufs.

— A demain ! répondirent les indigènes.

Ali seul était resté.

— Caïd, dit Antoine, j'ai un service à te demander.

— Parle, dit le chef ; la présence d'Ali te gêne-t-elle ?

— Nullement. Je n'ai gardé aucun souvenir de sa mauvaise parole.

— La mémoire est cependant le don précieux, murmura le fanatique.

— Que dis-tu ? demanda le caïd.

— Rien ! dit Ali en restant impassible.

— Que me veux-tu, Antoine ?

— Parmi les colons attendus à Médéah se trouve une famille de mon pays, hommes, femmes et enfants. Ils vont être établis sur les terres que le gouvernement possède à Amoura et je te serais reconnaissant de les bien accueillir et de les aider dans leur installation.

— Les Français sont nos amis et les tiens sont les miens.

— Merci, dit l'ancien soldat ; d'ailleurs j'accompagnerai ces braves gens.

— Ma maison sera la leur. Tu n'as besoin de rien, ce soir ?

— Non !

— Ni faim ni soif?

— Merci !

— Que Dieu te garde !

— Que la paix t'accompagne.

Le caïd se leva et se dirigea vers ses tentes qui

étaient dressées à quelque distance du gros lentisque sous lequel Antoine avait élu domicile.

Ali était resté accroupi.

— Tu me tiens donc compagnie? demanda Antoine.

— Oui! répondit brièvement Ali.

— Eh bien, causons.

— Non!

— Alors va dormir et laisse-moi me reposer.

— Nous dormirons ensemble.

— Tes sentiments d'amitié me sont trop connus pour t'avoir comme compagnon de nuit.

— Je ne hais que ta race et je veux te veiller.

— Et pourquoi?

— Parce que s'il t'arrivait malheur dans la nuit, toute la tribu m'imputerait le crime.

— Alors tu vas veiller sur ton ennemi?

— Dieu l'a ainsi commandé: d'ailleurs, si j'ai le désir de vous combattre tous, loyalement, en ennemi avoué, je n'ai nullement la volonté de commettre une mauvaise action. Dors en paix, Antonio, Ali est un musulman.

— Soit, dit Antoine, et l'ex-fusilier du 60e s'allongea sur le sol entre son fusil et son chien.

II

LES PAYS.

Qui n'a connu la mère Ambroise, la cantinière du 1er régiment de zouaves ? Toute l'armée d'Afrique l'a saluée ; au feu, l'arme au bras ; en temps de paix, le verre à la main. Sa cantine, la mieux achalandée du quartier de la Casbah, était située auprès de la poudrière et dominait la ville d'Alger. De la terrasse, on découvrait le plus magnifique panorama qu'il soit possible de contempler : au nord, Alger et le port ; à l'est, se dessinant dans une courbe gracieuse la plage de Mustapha avec ses coteaux luxuriants, peuplés de blanches villas ; à l'ouest, les massifs boisés de la Bou-Zariah et la pleine mer.

Il était dix heures. Le soleil brûlant de septembre découpait vigoureusement des ombres bleuâtres sur les arêtes des terrasses éclatantes de blancheur, et l'œil rapidement fatigué par la crudité éblouissante de la ville. allait se reposer sur la surface calme et limpide de la Méditerranée, qui reflétait un ciel bleu et profond.

Une seule des nombreuses tables qui meublaient la terrasse de la mère Ambroise était occupée par quatre soldats et un colon.

— Oh ! hé ! la mère ! cria le colon qui n'était autre qu'Antoine Marceau, le marchand de bœufs, — vous qui avez conservé vos yeux de vingt ans, regardez donc là bas si vous ne voyez pas le courrier de France.

— Voilà ! voilà ! s'écria la mère Ambroise qui avait parfaitement entendu ; c'est encore un champoreau que vous désirez, mes enfants ?

— Va pour le champoreau, dit Antoine ; mais avant regardez donc à l'horizon et dites-nous si le bateau de Marseille est en vue.

— Elle ne s'embrouille jamais, la mère Ambroise ! dit le zouave Mallet.

— Que veux-tu dire par là, zouave de mon cœur ?

— Mon ancienne, je veux dire que la société vous demande de voir un petit peu si la famille Martin arrive, et que vous nous offrez une nouvelle tournée de champoreau.

— Où est le mal ?

— Le mal, il n'y en a pas, la bourgeoise ! repartit un jeune fantassin imberbe ; mais le camarade Mallet a voulu insinuer que vous étiez futée dans votre négoce. N'est-ce pas, Mallet ?

— Comme tu l'as dit, Guertin.

— Pour lors, ajouta un sapeur du génie, la chose

est facile : un coup d'œil à l'horizon et l'autre à la cuisine.

— Eh bien ! mes enfants, voyez-vous là bas, à gauche, ce point noir ? c'est le bateau. Il ne sera pas ici avant midi et demi, une heure, et vous n'avez pas besoin de boucler vos guêtres de sitôt.

— Allons ! la tournée de champoreau, dit Antoine.

— Çà ! voyez-vous, mes enfants, c'est parce que je vous aime, dit la mère Ambroise, que je vous ai offert du champoreau, car c'est l'heure de l'absinthe ; mais j'en ai tant vu qui se sont défoncé le coffre avec cette épouvantable liqueur, que je me laisse toujours réitérer le commandement ; tandis que le champoreau c'est un baume pour l'estomac du soldat.

— C'est bon à la ville, mais au camp faut du dur, dit le zouave.

— Allons donc ! du dur ! avec çà qu'il n'est pas dur mon champoreau ! Sais-tu seulement comment çà se fait ? Du bon café, de l'eau étendue de menthe, un grand petit verre de rhum, le tout sucré avec du bon sirop de gomme. Le sergent Ambroise, mon défunt, un rude soldat qui te valait bien, s'en contentait. Pas dur, mon champoreau !

— Pas de gros mots, la mère.

— Tiens, vois-tu, dit la cantinière qui s'animait, si j'étais le colonel du 1er régiment de zouaves, je défendrais l'absinthe dans toute l'armée française.

— Je vous ferai observer, dit le fantassin Guertin, qu'un colonel ne commande pas toute l'armée.

— Suffit ! je sais ce que je dis ! riposta la mère Ambroise courroucée de l'observation ; l'absinthe est une liqueur d'enterrement, et se dirigeant vers l'office elle disparut.

— Pour lors, dit Guertin, nous allons voir les Martin de Lerné ?

— Oui, tous, moins les bonnes gens qui sont restés au pays ; ils sont trop vieux pour émigrer.

Le quatrième soldat poussa un gros soupir.

— Pourquoi souffles-tu comme çà dans ta musette, fusilier Venon ? dit le zouave.

— Parce que je pense à ma mère qui est restée au pays, la pauvre femme. Nous demeurions porte à porte avec les Martin ! Voilà les voisins partis et la pauvre vieille va se trouver bien isolée.

— Console-toi, mon vieux, dit de sa grosse voix le zouave Mallet ; un de ces jours tu demanderas un semestre et tu iras l'embrasser ; tandis que moi, ajouta-t-il, en essuyant une grosse larme qui perlait à l'extrémité de ses cils fauves, tandis que moi, bernique ! Je n'ai plus personne à pleurer, ma famille c'est mon régiment, le 1er de zouaves et du monde, termina-t-il emphatiquement.

— Tout çà, Antoine, ne nous apprend pas comment les Martin se sont décidés à venir en Afrique.

— La chose est très-simple, dit Marceau : lorsque je suis retourné à Lerné, que j'ai trouvé notre maison vide, j'ai résolu de réaliser mon petit avoir et de revenir ici tenter la fortune. J'ai réussi au delà de mes espérances, mon petit capital s'arrondit, le commerce des bœufs prospère et ma foi, il y a un an, j'allai en France pour y chercher femme afin de m'établir dans une bonne ferme d'Afrique pour m'y livrer à l'élevage des bestiaux.

— Pour lors ? dit Mallet.

— Pour lors je me liai avec les Martin, de Lerné,

et je fréquentai leur fille Marguerite, une vaillante femme.

— La petite Marguerite ! je la connais bien, dit le fusilier Venon, une particulière avec laquelle j'ai joué plus d'une fois dans mon enfance, un cœur d'or mais une poigne !... Ah ! Dieu du ciel, quelle poigne ! il n'y avait pas moyen de jouer avec elle.

— Une luronne ? demanda le zouave.

— Une vraie luronne, répondit Antoine ; travailleuse, honnête et gaie à mettre la joie dans le cœur le plus attristé !

— Mais tout çà ne nous explique par leur venue.

— Vous ne comprenez donc pas ?

— Non.

— Eh bien ! pendant que j'étais à Lerné, je leur expliquai ce qu'était ce merveilleux pays algérien et je prouvai au père Martin qui vivait en grande misère sur sa vigne et son champ, qu'en vendant ses deux lopins de terre il réaliserait assez d'argent pour faire valoir une belle concession et vivre ici comme un gros fermier de chez nous.

— Tiens ! mais c'est une idée ! dit Guertin.

— Je n'y avais pas songé ! s'écria Venon.

— Ni moi non plus, dit le sapeur du génie.

— C'est cependant la vérité, et si les braves gens qui vivent péniblement dans nos campagnes connaissaient les ressources que renferme l'Algérie, l'abondance serait partout, ici et là bas.

— C'est vrai tout de même, dit le zouave, et tu parles comme un avocat de Chinon.

— Pensez donc, mes amis, que le père Martin, en dehors de sa maisonnette qui est au bord de la veude de Seuilly, possédait une vigne dans les hauts de Cinais et un bon champ dans le vallon. Le tout a été bien vendu pour dix mille francs; eh bien ! dix mille francs sagement dépensés par un travailleur sur une concession de vingt hectares c'est l'aisance dès la seconde année au lieu de la gêne au pays.

— C'est une crâne idée que tu as eue là, Antoine, dit Mallet.

— Çà prouve la supériorité du calcul, dit gravement en hochant la tête le soldat du génie.

— La supériorité sur quoi ? répliqua le zouave, qui crut voir une attaque dans l'observation de son camarade des armes spéciales.

— Sur rien, dit le sapeur.

— C'est que vois-tu, mon camarade, si çà avait été la supériorité du calcul sur le zouave, l'honneur du régiment était terni, et alors...

— Allons ! va-t-on se quereller entre amis ? s'écria Antoine.

— Que c'est le génie qui m'attaque...

— Vois-tu, Mallet, dit le sapeur, tu es trop vif et dans l'armée chacun a son rang...

— Eh bien ! c'est le zouave qui est le premier.

— Moi, je te dis que c'est le génie...

— Tu vois, dit Mallet en s'adressant à Antoine, tu vois qu'il insulte tout le régiment...

— Permettez, dit le fusilier Venon, en s'interposant, vous avez raison tous les deux ; le zouave il est le premier sur la brèche que le soldat du génie il a le premier ouverte.

— Ceci est relativement exact, dit Mallet en se calmant.

— Que c'est ce que j'avais voulu dire par rapport au calcul.

— Du moment que l'honneur du régiment n'est pas atteint, je réitère le champoreau, dit Mallet.

— Plus tard, mes enfants, plus tard, dit Antoine; tenez, voyez, le bateau s'approche, et avant que nous ayons atteint le quai il aura doublé le môle.

— Allons, en route! dit le zouave, et toi, charpentier, mon vieux, ajouta-t-il en s'adressant au sapeur, donne-moi le bras et sans rancune.

— Dites donc, mère Ambroise, s'écria Antoine, un bon dîner pour ce soir, c'est convenu?

— Sois tranquille, çà sera soigné!

— Un plat de douceurs..... il y aura des dames, dit Mallet en sortant.

Nos cinq pays descendirent rapidement à la porte de France et se jetèrent dans une barque qui les conduisit au paquebot qui venait de jeter l'ancre à la pointe de la Santé.

Rien n'est plus pittoresque que l'arrivée du courrier de France dans le port d'Alger: des myriades de barques montées par des bateliers indigènes au teint basané, aux bras et aux jambes nues, entourent le bateau, hêlant les passagers dans un baragouin impossible pour leur offrir leurs services. Les amis des arrivants qui sont venus pour les recevoir augmentent le tumulte par les saluts qui se croisent, les cris de joie, les demandes et les réponses lancées à toute voix, et le tapage se complète par les commandements de la manœuvre, le bruit des chaînes qui dérapent et les sifflets des contre-maîtres.

La barque dans laquelle se trouvaient nos cinq camarades vint se ranger à bas bord du navire et les cinq fortes poitrines de nos Algériens crièrent d'une seule voix :

— Oh ! hé ! père Martin !

Par dessus le bastingage on vit apparaître une bonne et grosse figure de paysan, surmontée d'un immense chapeau en feutre noir comme en portent les habitants de la vallée de la Loire.

— Me voilà, mes amis, bonjour...

Mais le vacarme était tel autour du paquebot qu'il était impossible de percevoir aucune parole humaine, et l'échange des souhaits de bienvenue et des saluts se continua par gestes entre la famille Martin et les soldats.

La famille Martin débarqua aussitôt que la chaloupe put aborder l'échelle. Au risque de faire chavirer l'embarcation, les embrassades se firent à l'entrée dans le bateau et la joie était peinte sur tous les visages.

Les Africains étaient heureux de revoir les gens du pays et les colons saluaient l'Algérie, leur nouvelle patrie.

III

L'ARRIVÉE.

La famille Martin était ainsi composée à son débarquement à Alger : le chef de la famille, le père Martin, un solide gaillard de quarante-cinq ans environ, le visage un peu haut en couleur, les yeux gris et fins ; son cou fort et robuste était entouré par un de ces cols phénoménaux dont la coupe excentrique est le secret des ménagères de la campagne ; il portait un costume complet, veste, gilet et pantalon, en beau drap marron du midi ; sa main calleuse s'appuyait sur un gros bâton de coudrier vigoureusement noué. Son épouse Marianne ne le lui cédait en rien pour la vigueur ; elle pouvait avoir quarante ans, mais elle paraissait plus âgée que son mari ; puis venaient les enfants : Marguerite, la promise d'Antoine, une bonne et grosse fille au visage rond et coloré comme une pomme d'api; Pierre, un beau gars de vingt ans, Jean qui pouvait bien en avoir quinze, et le plus jeune, Auguste, un bel enfant d'une dizaine d'années, tout joufflu et tout riant.

Le bateau fut vite déchargé par les soins des pays et les bagages réunis sur une voiture à bras, à laquelle s'attelèrent deux vigoureux biskri.

— En route pour la Casbah ! dit Antoine.

Le zouave Mallet prit galamment le bras à madame Martin et Marguerite, toute rougissante, s'appuya sur celui d'Antoine, puis le cortége se mit en marche au milieu de la foule bigarrée qui encombrait le lieu du débarquement.

— Quel drôle de monde, dit le jeune Auguste, on se croirait en carnaval.

— Le fait est, dit Venon, qu'au mardi-gras à Chinon, il n'y a pas tant de mascarades.

— Voyez-vous, jeune homme, dit Mallet en s'arrêtant et en parlant avec un grand air d'importance, apprenez pour votre gouverne que c'est le noble drapeau de la France qui abrite sous ses plis généreux tous ces peuples divers. Ce que vous prenez, dans votre ignorance des grandes choses des peuples, pour des mascarades, ce sont des nations vaincues par notre supériorité dans l'art de manier la clarinette de six pieds, et dans celui non moins péremptoire de faire triompher les idées généreuses de la civilisation, du progrès et des arts manuels ; et si le fusilier Venon se fût recueilli dans sa dignité de soldat français, il ne vous eût pas parlé de mascarade.

Pour faire cette belle tirade, le zouave Mallet avait pris l'attitude la plus fière.

— Mais, zouave Mallet, dit le fusilier Venon humilié de la leçon, que je vous ferai remarquer que j'ai répondu parallèlement à l'intelligence de l'enfance.

— L'enfant est le conscrit de l'homme, dit sévèrement Mallet, il ne faut pas le tromper ; c'est comme si un vieux soldat comme moi vous faisait croire que la balle conique est un dé à coudre. Auguste, continua-t-il en s'adressant à l'enfant, marche près de moi et toutes les fois que nous rencontrerons un indigène, je t'expliquerai ce qu'il est.

— L'ancien a raison, dit le sapeur du génie, et la caravane se mit en route vers la Casbah par les rues escarpées de la ville.

— Tiens, voici un Turc ; on le reconnaît à sa barbe blanche, car depuis la conquête ils ne se renouvellent plus ; ils sont tous vieux, ils portent avec majesté le turban et leur figure grave et attristée indique l'ancien conquérant vaincu ; c'est un ami : brave et franc, il nous aime parce que nous sommes braves et francs.

— Et celui-ci qui est si joli avec sa veste bleu de ciel, sa ceinture rose et son pantalon blanc, s'écria Auguste.

— Celui-ci c'est un Maure, un citadin : c'est le muscadin des musulmans ; il ne nous aime pas parce qu'il nous craint comme il craignait les Turcs ; le Maure, vois-tu, mon petit, c'est le bourgeois de chez nous, moins le garde national ; le jour où il comprendra que nous n'en voulons ni à sa fortune ni à sa famille, ce jour-là il sera notre allié le plus dévoué, car il est très-intelligent.

— Et ce grand-là, avec son manteau blanc, dit la mère Martin.

— Oh ! celui-là c'est un Arabe, le paysan de chez nous, bonnes gens souvent, quelquefois Vendéens ; brave et ignorant, ayant de la haine et de l'amour dans le cœur, tout un ou tout autre. Voyez-vous, père Martin, ces Arabes c'est nous qui les avons soumis par la force, c'est maintenant à vous autres colons à en faire des amis pour la France.

— Et comment çà, ma fine ?

— En les civilisant, parbleu ! dit Mallet en se redressant.

— Mais comment encore ?

— Çà n'est pas malin ; nous, soldats, nous les avons combattus parce qu'ils ne voulaient pas se soumettre ; pendant quinze ans nous avons échangé nos pruneaux de plomb contre leurs dattes de fer ; aujourd'hui l'affaire est faite, ils ne bougent plus ; c'est à vous autres maintenant à faire avec eux la grande guerre du travail, à leur apprendre à gagner leur vie et à profiter de notre civilisation.

— Moi, je veux bien, dit le bonhomme Martin, mais encore faut-il savoir.

— Vous verrez çà à l'usure quand vous serez dans votre concession. En les faisant travailler pour vous et en travaillant pour eux, vous les apprivoiserez. Çà vous regarde d'ailleurs, car l'intérêt seul doit vous unir.

— C'est l'union qui fait la force, dit le sapeur.

— Dis donc, Venon, comme il parle bien, le zouave ? dit tout bas Guertin à l'oreille de son camarade.

— C'est un malin qui a de l'instruction tout de même, répondit Venon.

Tout en dissertant ainsi, nos arrivants grimpaient

les rues étroites de la haute ville, s'extasiant à la vue de ces maisons se chevauchant pittoresquement les unes les autres, s'arrêtant à chaque carrefour pour reprendre haleine et laisser au zouave Mallet le loisir de pérorer à l'aise.

Le père et la mère Martin écoutaient émerveillés les récits du soldat; quant à Marguerite, son cœur était suspendu aux lèvres d'Antoine qui lui parlait de son amour présent et du bonheur à venir.

— Oh ! hé ! les amoureux, cria Mallet, vous marchez bien vite.

— Il faut bien arriver, dit Antoine.

— C'est vrai, mais nous n'allons pas à l'assaut, n'est-ce pas, père Martin ?

— Ah ! je ne sais pas où nous allons, ma fine, mais je crois bien que le chemin du Paradis n'est pas plus raide.

Tout à coup, le jeune Auguste se heurta au tournant d'une ruelle contre un grand fantôme blanc, dont les yeux noirs et brillants se détachaient éclatants sous les voiles à demi-transparents qui recouvraient le visage. L'enfant poussa un cri d'effroi.

— N'aie pas peur, petit homme, dit Mallet ; çà, vois-tu, c'est la plus belle moitié du genre humain, c'est une Mauresque.

— J'ai eu presque peur aussi, dit Marguerite ; quel drôle d'accoutrement.

— C'est leur mode, dit Antoine, ils cachent leurs femmes, et peut-être n'ont-ils pas tout à fait tort, ajouta-t-il en jetant un regard d'amour sur sa fiancée.

— Le fait est qu'elle peut bien être jolie, ma fine, dit Martin, mais le diable m'emporte si on peut la voir.

— Çà se voit tout de même, dit emphatiquement le zouave, seulement il faut l'habitude.

— Et comment?

— Tenez, père Martin, la jeunesse se reconnaît à la cheville : jusqu'à dix-huit ans elle se détache lisse et brillante, à vingt ans l'éclat de la peau s'éteint et une ride entoure la saillie; à vingt-cinq ans les rides se multiplient; à trente ans on ne les compte plus; voilà pour l'âge. Pour la beauté, on la reconnaît à l'élégance de la taille, dans les ondulations de la démarche, dans l'éclat des yeux et dans la courbe que décrit sur le visage le voile bridé; quant à la fraîcheur, il y a un moyen infaillible de la deviner, si à la hauteur des narines et de la bouche le voile est humidifié vous pouvez être sûr que la femme est fanée.

— Mazette! mon garçon, tu me fais l'effet d'être stylé sur le sujet.

— Il le faut bien, dit Mallet, sans çà nous serions généralement volés. N'est-ce pas, sapeur?

— Conséquemment, répondit le soldat du génie.

— Tout çà c'est tout de même drôle, dit madame Martin, et je crois que je m'habituerai difficilement à tout ce monde-là.

— Et moi de même, dit le père Martin; j'aime mieux les bonnes gens de chez nous.

— Cà viendra, la mère, dit Antoine, ce sont tous des hommes comme nous, ni meilleurs, ni plus mauvais.

Tout en discourant ainsi, nos nouveaux débarqués étaient arrivés à la Casbah et étaient entrés dans la cantine de la mère Ambroise. La vieille cantinière du 1er régiment de zouaves avait bien fait les choses : elle avait étalé son linge le plus blanc et sa vaisselle la moins écornée.

— Avez-vous fait préparer les chambres? demanda Antoine.

— Tout est prêt, et ces dames peuvent aller se reposer un peu si elles le désirent.

— Ne serait-ce que pour faire un brin de toilette, dit Marguerite, j'accepte.

— Le fait est que depuis deux jours que nous sommes en mer nous n'avons guère pu nous soigner.

— C'est pourtant pas l'eau qui manquait, dit le loustic Mallet.

— En effet, dit en riant le père Martin, mais nous étions si incommodés par le mal de mer, que nous n'aurions pas eu la force de puiser un verre d'eau dans la grande tasse, comme disent les matelots.

— Eh bien! mère Ambroise, conduisez donc nos amis dans leurs chambres.

La mère Ambroise fit un grand salut très-cérémonieux, pour inviter ses hôtes à la suivre, et toute la famille Martin disparut dans un long couloir qui reliait la cantine aux chambres meublées qu'elle louait d'habitude aux sous-officiers en permission ou de passage à Alger.

Lorsque les cinq camarades furent seuls, Antoine les réunit dans une embrasure de croisée et leur dit :

— Eh bien! mmesos-nous prêts?

— Oui, répondirent-ils tous?

— Alors ça va bien; vous avez vos permissions?

— En règle, dit Mallet, les uns dix jours, les autres quinze.

— Cela suffit largement pour installer nos amis.

— Et ton arbico? ajouta Antoine.

— Il a la consigne; il doit arriver aujourd'hui à Blidah avec tout le bataclan.

— Es-tu sûr de lui?

— Comme d'un frère, dit Mallet.

— Alors, demain matin en route pour la concession; car voyez-vous, mes enfants, continua Antoine, la ville ne vaut rien pour le colon, la vie y est chère et le temps s'y perd.

— Et puis nos permissions commenceront à s'écouler à partir de demain, dit Guertin.

— Et il nous faut profiter du temps.

— Tu es sûr que tout sera prêt demain à Blidah?

— J'en suis sûr puisque je te le dis.

— C'est que je me méfie de la parole des Arabes.

— Sliman ne m'a jamais menti, et puis, vois-tu, entre nous il y a des liens de sang et d'honneur, dit Mallet.

— Je le sais, mais.....

— Antoine, dit le zouave d'un ton sérieux, si tu doutais du dévouement de Sliman, je croirais pouvoir douter de ton amitié.

— Oh! fit Antoine.

— Sliman me donnerait son sang comme j'ai donné le mien pour lui; ainsi n'aie aucune inquiétude, demain tout sera prêt comme il l'a dit.

En ce moment la famille Martin fit sa rentrée dans la salle commune et c'était vraiment plaisir à voir que cette puissante et saine famille : Marguerite s'était attifée de la façon la plus charmante du monde, et sa longue cornette avec ses barbes de tulle donnait à sa physionomie un air éveillé et mutin qu'elle n'avait pas en débarquant.

— Oh! que vous voilà jolie, Marguerite! dit Antoine.

La jeune fille rougit sous ce compliment dit à haute voix et devant tout le monde.

— Allons! à table! dit Mallet pour mettre fin à son embarras. Et chacun prit place autour de la table si soigneusement dressée par la mère Ambroise.

La première partie du repas fut silencieuse, comme il convient qu'elle soit pour des gens de bon appétit; puis peu à peu, les langues se délièrent, on parla du pays; le père Martin et sa femme donnèrent des nouvelles du village aux fusiliers Guertin et Venon, et lorsque le sujet fut épuisé on en revint à l'Algérie.

— Il faut tout de même un rude courage pour nous expatrier comme nous le faisons, dit le père Martin, et ma fine, je crois bien que c'est un coup de tête que nous avons fait là.

— Que Dieu nous garde! dit la mère.

— Nullement, ce n'est pas un coup de tête, dit Antoine, c'est un coup de sagesse.

— C'est un pays où il y a tant de dangers, dit-on! exclama Martin.

— Des menteries! voyez-vous, père Martin, reprit Antoine, et tout ce qu'on en dit en France est faux et archi-faux.

— Et cependant ceux qui en reviennent savent peut-être bien ce qu'ils disent.

— Tenez, père Martin, je veux vous expliquer la chose : Ceux qui en reviennent et qui en disent du mal ont leurs raisons pour le faire. Suivez bien mon raisonnement.

— Je t'écoute.

— D'abord il y a les soldats. Eh bien! pendant qu'ils

sont en Afrique, qu'est-ce qu'ils font? Ils écrivent aux parents pour tâcher d'avoir un peu d'argent. Pour les attendrir que disent-ils? Que le pays est malsain, qu'ils ont la fièvre, que tout est horriblement cher: ensuite il y a le paragraphe qui doit émouvoir la payse, et l'on raconte les histoires de batailles, les rencontres de lions, de panthères, d'hyènes, le peu de sécurité des routes, toutes ces balivernes enfin, qui font rêver au héros dans la personne du fils et du promis.

— Et le papa envoie dix francs, dit le zouave Mallet; n'est-ce pas que c'est ainsi que vous faites, mes gars? ajouta-t-il en se tournant vers Guertin et Venon.

— Approximativement, répondit Guertin.

— Et puis lorsqu'on rentre au pays, on n'a pas le courage de se dementir, et comme tous les camarades en ont fait autant que vous, ils sont solidaires de vos mensonges, et c'est ainsi que l'Algérie est connue dans nos villages par les récits d'un tas de farceurs.

— Tout de même bons enfants, crut devoir dire le fusilier Venon.

— Et voilà le malheur, continua Antoine, ils sont bons enfants et on les croit.

— Il vaudrait mieux qu'ils fussent des galériens, dit Mallet, on n'aurait nulle foi en leurs récits.

— Il y a de la justesse dans ce que tu dis là, mon garçon, dit le père Martin, mais il n'y a pas que les soldats qui reviennent, il y a aussi ceux qui sont venus tenter le sort ici. Ceux-là, pauvres gens, ne sauraient mentir et la misère qu'ils ramènent justifie leur dire.

— Vous voulez parler des colons retour d'Afrique?

— Oui.

— Eh bien! ceux-là sont plus à plaindre qu'à blâmer, mais ce n'est pas encore chez eux qu'il faut chercher la vérité. La vie est dure aux travailleurs et même dans notre beau pays de France, la misère fait ses victimes; c'est le sort humain, çà. On se plaint partout. Le colon qui est venu ici et qui, par suite de causes diverses, n'a pas réussi, reconnaîtra-t-il lui-même les causes de son insuccès? Non! certainement non; pas plus en Afrique qu'en France. Le retour dans la mère-patrie est amer; il faut bien s'expliquer, s'excuser de sa non-réussite, et alors le récit du colon malheureux est identique à celui du soldat et la fanfaronade de l'un vient fatalement corroborer les récriminations de l'autre, et c'est ainsi que la réputation de l'Algérie s'est faite. La terre est dure partout, père Martin, et l'Algérie ne sera jamais une Californie que pour le travailleur.

— Ceux qui ont cru y trouver les cailles toutes rôties se sont rudement trompés, dit Mallet.

— Ceux-là seuls sont coupables, ajouta Antoine.

— Enfin, mes enfants, nous y sommes, et s'il ne faut que du cœur, vous verrez ce que font les Tourangeaux; n'est-ce pas, mes fils?

— Oui, père! répondirent les trois gars Pierre, Jean et Auguste.

— Allons! la femme, ne pleure pas, dit le père Martin à Marianne, que cette conversation avait profondément émue.

— Nous allons boire, cria Mallet, une bonne bouteille de vin de France pour fêter votre bienvenue; c'est moi qui paie, j'ai touché ma médaille, et vive Dieu! il faudra que vous finissiez la conquête que nous avons commencée.

La mère Ambroise apporta ce qu'elle avait de mieux dans sa cave et les verres se remplirent.

— A la santé des Martin ! dit Antoine.

— Merci, mes enfants, de vos souhaits, dit le père Martin tout ému. Eh bien ! moi, je bois à la santé de nos braves soldats : à l'Epée de la France !

—Merci pour tous les camarades indistinctement, dit le zouave en se levant ; nous soldats, nous buvons tous à la charrue de la France, et *Vive l'Empereur !*

IV

LE SERVITEUR DU ZOUAVE

Sliman-el-Daïri appartenait à la grande tribu militaire des Douairs, qui fit au VIIe siècle la conquête de l'Afrique septentrionale, avec le général arabe Sidi-Okba. Les traditions d'honneur et de bravoure étaient héréditaires dans cette famille, et, de père en fils, ces sentiments s'étaient perpétués. La foi jurée par un des membres de la tribu était maintenue par tous, et de mémoire d'homme, jamais un Daïri n'avait failli à sa parole.

Vers 184..., les Douairs étaient campés dans un repli de terrain formé par les derniers contreforts du sud. L'Algérie était en pleine insurrection et nos colonnes parcouraient le pays dans tous les sens. Tous les hommes valides des Douairs s'étaient ralliés à l'émir Abd-el-Kader qui tenait campagne dans le haut-Cheliff, et afin d'être plus libres dans leurs incursions, ils avaient laissé leurs tentes dans les environs du lac de Firania, aux portes du Sahara. Ce campement était considérable; il était composé des femmes, des enfants, des vieillards; toute la fortune mobilière de la tribu était réunie là, ainsi que les troupeaux, leur seule et unique richesse. Quelques hommes valides seulement étaient restés avec les bergers pour aider à la fuite si elle devenait nécessaire.

Une colonne légère, composée de quelques escadrons de chasseurs d'Afrique, de spahis et d'un bataillon de zouaves, montés sur des chameaux, parcourait le pays pour surprendre les smala et couper l'insurrection dans sa racine en enlevant aux insurgés tous les moyens de se ravitailler. A la pointe du jour, cette colonne qui était commandée par un général célèbre, dont le nom sans origine s'est éteint sans postérité, traversant la période de la conquête comme un brillant météore, arriva à l'improviste sur les tentes des Douairs. Aussitôt que l'alerte fut donnée, les hommes se portèrent en avant des tentes pour donner aux femmes et aux enfants le temps de fuir. Mais la lutte n'était pas possible; les chasseurs d'Afrique entouraient la smala et les spahis et les zouaves avaient mis pied à terre et envahissaient le campement. Alors commença la guerre terrible des tentes : on se fusillait à travers les tissus, au juger; la terreur donnait du courage aux femmes et aux enfants, et la mort qui éclaircissait nos rangs rendait nos soldats impitoyables. Les zouaves rampaient de tente en tente comme des serpents, ajustant les hommes, et les spahis impétueux se jetaient au milieu des douars, ne calculant ni le danger, ni la portée de leurs coups. Plus accessibles que les Français à l'enivrement de la poudre et au vertige du combat, leurs coups étaient souvent cruellement dirigés contre des femmes et des vieillards, et la voix de leurs chefs ne pouvait arrêter ce que le docteur Monand, des turcos, appelait le *delirium bellicosum.*

Lorsque le zouave Mallet, sa baïonnette en avant, se présenta devant la tente des Daïri, il y fut reçu par les cris de miséricorde des femmes. Une jeune mère, à genoux, lui présenta son enfant : le zouave s'arrêta.

— Respect au sexe, dit-il.

Tandis que sa générosité lui faisait mettre l'arme au pied, un enfant de douze ans, éperdu, terrifié, déchargeait dans le dos du zouave un pistolet que sa main débile avait peine à tenir.

Heureusement l'arme était mal chargée.

La balle dévia, et, au lieu de traverser le corps du zouave, elle alla se loger dans cette partie charnue et inférieure sur laquelle nous avons l'habitude de nous asseoir.

— Saperlipopette ! s'écria le zouave en relevant son fusil.

Mais lorsqu'il vit en face de lui un enfant tout tremblant, l'arme resta suspendue dans son élan, et portant la main à l'endroit touché, il la retira toute pleine de sang.

— Sacré galopin ! s'écria-t-il, me voici déshonoré pour toute ma vie ; c'est la première fois qu'un zouave est blessé là.

Toutes les femmes de la tente, éplorées, s'étaient groupées autour de Mallet et élevaient vers lui leurs mains suppliantes en poussant des cris de désespoir.

— N'ayez donc pas peur, tas de braillardes ! criait Mallet, vous voyez bien que je ne veux pas vous faire de mal.

A la détonation de l'arme à feu de l'enfant, deux spahis qui *razziaient* aux environs accoururent vers la tente des Daïri.

— Toi morto? dit l'un d'eux.

— Non, moi pas morto; c'est ce gamin-là qui a visé au plus bas !

— Moi fazir morto ! dit le spahis en levant son sabre sur la tête de l'enfant.

— Pas de çà, Lisette ! dit Mallet en arrêtant le bras du soldat indigène ; tout ça c'est à moi, allez travailler ailleurs, camarades. Et quant à vous, nom d'un chien? si vous bronchez, vous aurez affaire à moi, ajouta-t-il, en se tournant d'un air menaçant vers les femmes.

Pendant ce temps-là, la fusillade avait cesssé et les défenseurs des tentes s'étaient rendus à merci. Mallet, l'arme au bras, gardait sa prise, écartant tous les maraudeurs qui voulaient venir partager son butin et se saisir des femmes.

— C'est à moi tout çà ! disait-il, et si vous touchez à une seule de ces femmes, je vous casse ma crosse sur la tête ! au large !

Et le brave soldat, à l'œil farouche et à la protection menaçante, jetait tour à tour dans l'âme de ses prisonniers la crainte et l'espérance. A la première alerte, les femmes avaient toutes réuni leurs bijoux dans un mouchoir ; lorsqu'elles virent qu'elles n'avaient plus rien à craindre du zouave, et qu'au lieu de les dépouiller, celui-ci les avaient protégées contre ses camarades, l'une d'elles s'approcha de lui en lui tendant le dépôt précieux :

— Tiens, zouave, toi bono, prends tout çà !

— Qu'est-ce que c'est? dit Mallet ; gardez vos fanfreluches, vous en aurez plus besoin que moi, malheureuses ! Je ne suis pas un arbico, moi, pour chaparder les femmes, je suis un soldat français !

Les femmes ne comprenaient rien à cette générosité.

Quant à Mallet, il maugréait, car sa blessure le faisait souffrir.

Le calme rétabli, les officiers parcoururent le campement pour rallier leurs hommes et ramasser les blessés et les morts..

Lorsque le capitaine de la compagnie arriva devant la tente des Daïri, Mallet lui présenta les armes.

— Capitaine, dit-il, voilà ma prise ; ces dames n'ont pas perdu un pruneau, je les ai respectées et je les ai fait respecter par les spahis qui voulaient tout chambarder ici.

— Tu as bien fait, mon brave, et le général connaîtra ta conduite.

— Merci, c'est pas pour çà, mon capitaine, c'est pour vous dire que je suis blessé d'une manière déshonorante.

— Comment cela, mou garçon ?

— Voilà la chose, mon capitaine : au moment où j'entrais dans cette tente pour en faire déguerpir les *arbicos*, ce sacré gamin-là m'a déchargé un pistolet dans le... dos. Eh bien, c'est un déshonneur pour le régiment, il n'est pas possible qu'un zouave soit blessé dans cet endroit-là.

— Que veux-tu que j'y fasse ?

— Mais, mon capitaine, changer ma blessure de place.

— Tu deviens fou, mon brave.

— Sur mon livret, s'entend.

— Çà n'est pas possible, mon ami, le livret ne peut pas mentir.

— Vous mettriez sur la joue, sans dire laquelle, sans çà je suis déshonoré.

— Impossible.

— Eh bien alors, mon capitaine, vous mettrez bien avec votre signature et le cachet du régiment, que c'est en marchant en avant que j'ai été blessé en arrière ?

— Volontiers. Eh bien, maintenant, va te faire panser et conduis la smala au quartier général.

Le capitaine continua sa tournée, riant des scrupules du zouave.

Les défenseurs de la smala furent renvoyés dans leurs tentes pour lever le campement prisonnier. A leur arrivée, les femmes racontèrent les procédés du zouave qui les avait protégées contre toute agression. Au milieu de leur désespoir, les insurgés trouvèrent des paroles de reconnaissance pour remercier le soldat.

— Il ne s'agit pas de tout çà, pliez vos bibelots et décampons plus vite que çà. Pas de reconnaissance ! Si je vous avais trouvés ici, je vous aurais fait passer le goût du pain. Sacré galopin, va !

Le camp fut vite levé et la prise conduite à Médéah. Quant aux prisonniers, ils furent internés, hommes, femmes et enfants, dans la casbah d'Alger.

L'insurrection ne tarda pas à s'apaiser et les Douairs qui avaient leurs femmes et leurs enfants en ôtage, vinrent faire leur soumission au gouverneur général de l'Algérie. On leur rendit leurs territoires et leurs smalas. A son retour, le cheikh Ismaël-el-Daïri apprit les détails de la captivité de ses femmes et de ses enfants et la conduite du zouave qui avait préservé sa tente de tout déshonneur et de toute souillure.

— Par la cendre de mon ancêtre, qui a combattu les Byzantins et qui s'est illustré dans les plaines de Kairouan, je veux connaître cet ennemi généreux qui, blessé par mon fils, a eu l'âme assez grande pour le protéger contre les siens. C'est un devoir qu'Allah m'impose, et je ne saurais paraître devant lui avant d'avoir récompensé cette grande vertu.

Il fit appeler son plus jeune fils.

— Sliman, lui dit-il, reconnaîtras-tu le soldat sur lequel tu as tiré?

— Père! je n'aurai qu'à serrer mon cœur pour en exprimer le souvenir, car je croyais qu'il allait tuer la mère de vos enfants, et ne suis-je pas votre fils?

— Je ne te blâme pas, mais je veux racheter ton erreur et m'humilier devant l'homme qui respecte les femmes et les enfants. Tu le reconnaîtras?

— Partout! au milieu de mille!

— Eh bien! partons, et que nos pieds ne franchissent plus le pas de cette tente avant d'avoir retrouvé le sauveur de ma famille.

Le cheikh et Sliman montèrent à cheval et vinrent à Alger.

Pendant huit jours, ils restèrent accroupis l'un et l'autre, à la porte de la caserne du Petit-Tagarin, qui était à cette époque-là occupée par les zouaves.

De temps à autre, le vieillard interrogeait l'enfant.

— Parmi tous ces hommes, ne reconnais-tu pas le libérateur ?

— Mon père, mon cœur n'a point bondi.

— Que la volonté de Dieu soit faite et que la mère supporte notre absence.

Un matin, les clairons montant la rue de la Casbah annoncèrent la rentrée d'un détachement.

— Mon cœur bondit, père ! dit l'enfant.

— Ouvre tes yeux et ton souvenir.

Les zouaves défilèrent devant les deux Arabes.

Soudain, l'enfant se précipita à travers les rangs et saisit Mallet par sa veste.

— Tiens ! dit le zouave, voilà mon *blesseur!* Çà va bien, mon vieux ?

L'enfant, silencieux, ne lâcha pas prise et entra dans la caserne avec les zouaves.

Le cheikh Ismaël, resté à la porte, en voyant son fils se cramponner après le zouave, envoya, dans une prière, ses remercîments vers Allah.

Quelques instants après, le soldat et l'enfant sortirent.

Le vieillard se leva, passa sa main sur sa barbe blanche, puis la tendit au zouave :

— Merci, ami, lui dit-il ; tu m'as sauvé de la honte, tu m'as épargné l'injure, moi et les miens nous t'appartenons. Parle ! Que veux-tu ? ma tente est la tienne et je suis riche.

— Moi ! je ne veux rien ! dit Mallet qui parlait l'arabe aussi couramment qu'un enfant du désert ; vous êtes content, eh bien, tant mieux ! je n'ai fait que mon devoir et je n'ai besoin de rien.

— Tu ne veux rien accepter ?

— Rien.

— C'est bien entendu ? tu refuses ?

— Tout.

— Tu es homme de race et je n'insiste pas. Mais cet enfant qui t'a blessé est à partir de ce jour ton serviteur. Il te suivra partout comme ton ombre, et si jamais tu as besoin de notre fortune, de notre sang, tu n'auras qu'à parler, il y aura son oreille qui recevra tes ordres.

Puis le cheikh serra la main du soldat, embrassa Sliman au front et retourna dans sa tribu.

A partir de ce jour, Sliman devint le serviteur du zouave.

V

EN ROUTE

Lorsqu'Antoine connut exactement le jour de l'arrivée de la famille Martin, il en fit part aux pays de l'armée, en les priant d'obtenir chacun une permission pour aller installer les émigrants sur leur concession.

— Ce sera moins triste pour eux, avait dit Antoine.

On sait comment les braves garçons avaient accueilli cette invitation. Lorsque le tour de Mallet vint, le zouave avec son entrain ordinaire accepta comme les camarades.

— Je ferai mieux encore, dit-il, je n'ai jamais rien demandé au vieux cheikh Ismaël, qui m'a collé son fils Sliman comme garde du corps ; eh bien ! je vais le prier de nous prêter ses bêtes de somme pour conduire nos braves gens jusqu'à Amoura.

— Si tu le peux, tu feras une bonne action.

— Ça épargnera toujours le boursicot du papa Martin.

— C'est entendu.

Mallet alla rejoindre Sliman, qui passait ses journées à la Mosquée Neuve pour y terminer ses études.

— Mon frère, lui dit-il, j'ai un service à te demander.

— Louanges à Dieu qui nous permet de t'être utile.

— Oh! fit le zouave avec un geste de reproche, de l'argent! Tu me méconnais, frère.

— Eh bien! parle. L'expression du moindre de tes désirs sera un ordre pour moi.

— Voilà ce dont il s'agit.

Et Mallet expliqua ce qu'il désirait.

— Ce n'est que ça, dit Sliman; les mules seront à Blidah au jour et à l'heure dits. Je mettrai sur la belle grise que monte ma sœur le bât brodé des jours de fête, pour la fiancée de ton ami Antoine.

— Merci, dit Mallet. Mais la physionomie habituellement ouverte et riante du zouave s'était tout à coup assombrie. Une pensée pénible venait de traverser son souvenir.

— Qu'as-tu? demanda Sliman.

— Rien, répondit le zouave.

— Ouvre-moi ton cœur. Ne suis-je pas ton frère? Et puis, n'ai-je pas deviné tes tourments?

— Quels tourments?

— Crois-tu qu'à la dernière visite que nous sommes allés faire au douar, je ne me sois pas aperçu que la beauté de ma sœur t'avait ébloui?

Mallet, consterné d'avoir trahi son secret, garda le silence.

— Le cœur conduit et l'homme suit, frère, continua Sliman, et la volonté d'Allah a mille façons de se manifester.

— Tu ne m'en veux pas, alors?

— Oh non! car tu as été loyal, et Fatma m'a avoué son amour.

— Eh bien! alors, je puis penser à elle? dit Mallet en proie à une vive émotion.

— Tu peux y penser.

Le vieil Africain, le brave soldat, l'homme endurci à toutes les souffrances, se sentit défaillir.

— Sliman! s'écria-t-il, tu ne me trompes pas?

— Regarde ma lèvre si elle a blêmi!

— Mais comment réaliser ce rêve? Je suis un *roumi*, un chrétien, un être maudit pour vous. Ta volonté et celle de Fatma ne suffisent pas, il faut le consentement du père, de la famille, de la tribu; non! Sliman, cela n'est pas possible!

— Dieu lèvera toute difficulté, et d'ailleurs, n'a-t-il pas dit les paroles miséricordieuses suivantes, au 59e verset du chapitre II du Coran : « Certes, ceux qui « croient et ceux qui suivent la religion juive, et les « chrétiens et les sabéites, en un mot, quiconque croit « en Dieu et au jour dernier, et qui aura fait le bien, « tous ceux-là recevront une récompense de leur Seigneur; la crainte ne descendra point sur eux, et ils « ne seront point affligés. »

Mallet était atterré et ne pouvait croire ses oreilles.

— Il y a ça dans le Coran?

— En toutes lettres.

— Mais alors nous ne sommes pas des maudits?

— Non, le Coran même dit que vous n'êtes que des

frères égarés, et au verset 85 du chapitre V, le *Livre descendu* ajoute : « Tu reconnaîtras que ceux qui nour-« rissent la haine la plus violente contre les fidèles « sont les juifs et les idolâtres, et que ceux qui sont le « plus disposés à aimer les fidèles sont les hommes qui « se disent chrétiens; c'est parce qu'ils ont des prêtres « et des moines, et parce qu'ils sont sans orgueil. »

— Mais alors...

Le zouave s'arrêta.

— Finis ta pensée.

— Tu la connais, frère...

— Je porterai ton souvenir à ma sœur, et je te rapporterai le sien. Au revoir.

— Encore un mot.

— Non, à l'heure présente je ne saurais te répondre. Au retour !

Sliman partit en laissant Mallet en proie aux émotions les plus diverses. Le soldat ne savait pas trop s'il était éveillé. Dans ses fréquentes visites au douar du scheikh Ismaël, il avait vu souvent Fatma, et il l'avait aimée sans se rendre compte de son amour et sans en parler à la jeune fille. Il respectait la maison de son hôte, et, aimant sans espoir, il avait conservé son secret pour lui seul. La conversation qu'il venait d'avoir avec Sliman était toute une révélation pour lui.

— Que personne n'en sache rien encore, se dit le zouave, et rajustant sa chachia, il alla rejoindre ses amis, comme nous l'avons vu.

Le lendemain de l'arrivée du courrier de France, toute la famille Martin et les cinq camarades prenaient la diligence de Blidah et traversaient cette magnifique plaine de la Mitidja qui porte en elle la plus splendide preuve de la puissance de la colonisation et de la richesse du sol de l'Algérie.

En voyant ces belles cultures qui s'étendent de chaque côté de la route, le père Martin sentit renaître son espoir et surtout sa foi dans la réussite de son entreprise.

A la descente de la diligence, à Blidah, il furent reçus par Sliman, suivi de ses serviteurs et des bêtes de somme.

Mallet alla lui serrer la main.

— Ta main tremble, dit l'Arabe.

— Du tout, fit le zouave.

— Fatma te salue, nous en causerons ce soir. Maintenant occupons-nous des colons.

— Allons, mes amis, dit Mallet, chargeons les mulets et filons.

— Sans déjeuner? demanda le père Martin.

— Nous déjeunerons dans une petite heure au rocher des Singes, dans les gorges de la Chiffa, dit Antoine.

En un clin d'œil, les bagages furent chargés, et chaque voyageur s'installa en lapin au-dessus : Marguerite montait la belle mule grise, au bât brodé de soie, et la mère Marianne se pavanait sur un beau mulet fringant, appartenant au cadi des Douairs.

La caravane se mit ainsi en marche, en longeant le pied du petit Atlas jusqu'à la coupure de la Chiffa, fleuve torrentiel qui descend du Nador et va se perdre au-dessous de Koléah, après avoir traversé la plaine de la Mitidja.

— Tenez, père Martin, dit Antoine, notre itinéraire va nous faire traverser toutes les zones de l'Algérie. Hier, vous avez vu le littoral avec son port à l'activité maritime et ses côtes boisées et luxuriantes de végétation ; ce matin, avant d'atteindre la plaine, nous avons traversé tout le réseau accidenté qui avoisine la mer et que les Arabes appellent le *Snhel*, pays riche, boisé, largement pourvu de sources. La colonisation en a pris possession depuis longtemps déjà, et la richesse des colons y est à jamais établie. Voyez-vous, maintenant, cette belle plaine de la Mitidja, abritée de tous côtés par l'Atlas et ses contreforts; c'est le grenier de la France, sa fertilité est telle, qu'à elle seule elle pourrait nourrir un empire. La colonisation y est implantée, et le jour prochain où elle sera totalement mise en culture, ce jour-là elle sera une des plus riches contrées du monde.

— Quel malheur que notre concession ne soit pas dans ces parages.

— Vous vous êtes levé trop tard, père Martin; ne vous en plaignez pas trop cependant. Les premiers colons qui sont venus s'établir sur ce riche territoire ont payé cruellement leur terre; ils ont été obligés de défricher et d'assainir; la fièvre les a décimés; à plusieurs reprises la guerre les a ruinés. Ils ont réellement fait la conquête du sol, ceux-là. Rien n'était organisé dans ce temps-là; il n'y avait ni routes, ni fontaines, ni sécurité. Aujourd'hui, vous arrivez comme un coq en pâte; le pays est soumis; sur tous les points les barrages se construisent, et le réseau des chemins s'achève.

— Nous entrons dans les gorges, dit Venon.

— Et vous allez voir, dit Mallet, le merveilleux travail que les soldats ont fait pour que maître Martin puisse aller commodément à sa concession.

— Nous voici dans la Suisse algérienne, fit Antoine.

En ce moment la caravane s'engageait sur la route qui suit tous les méandres de la Chiffa, dont les eaux tumultueuses roulent avec fracas, resserrées entre deux hautes montagnes rocheuses et puissamment boisées.

La route, taillée dans le roc, est suspendue sur l'abîme et est dominée à pic par les pentes abruptes, toutes tapissées d'une forêt aérienne. Cette route est vertigineuse ; l'âme se resserre en la parcourant et le voyageur le moins sensible aux spectacles de la nature, est obligé d'admirer cette puissante exhibition du chaos, dans ce qu'il a d'imposant et de grandiose. La route, forcée de suivre le flanc de la montagne, a des courbes terribles en face des abîmes. Des cascades bruyantes descendent en mugissant des sommets et se perdent à travers les chênes, semblables à des serpents d'argent aux proportions monstrueuses, qui ramperaient à travers des herbes gigantesques.

L'œil n'a pas assez de force pour pénétrer ces fouillis et admirer ce spectacle ; il est ébloui par ces magnificences de la nature et les cœurs les plus altiers s'humilient devant toutes ces grandeurs.

— Ma fine ! quel beau spectacle ! dit le père Martin, mais que de terrain perdu.

— Pas si perdu, dit Antoine. Tous ces chênes-liège seront de bon rapport lorsqu'ils seront demasclés, et là-haut, sur les sommets, il y a toute une population de charbonniers et de chevriers.

— Des colons ?

— Non, des Kabyles.

— Que sont donc encore ceux-là ? demanda le père Martin.

— Ceux-là sont les vrais paysans indigènes. Travailleurs, industrieux, économes et prévoyants, ils diffèrent complétement de l'Arabe. Autant celui-ci est nonchalant, autant l'autre est actif. L'Arabe vit au jour le jour, confiant dans sa destinée; le Kabyle, tout aussi religieux, ne s'abandonne pas au fatalisme. Avant dix ans, le Kabyle sera le digne émule de nos colons sur tous les marchés, dans toutes les industries; il faudra cinquante ans, peut-être, avant que l'Arabe accepte notre civilisation.

— Y en a-t-il beaucoup, de Kabyles?

— Tout le réseau montagneux est à peu près occupé par eux, et m'est avis qu'ils sont au moins aussi nombreux que les Arabes, qui ne vivent que dans les plaines et dans les steppes.

— Nous voici arrivés au Rocher des Singes, s'écria Venon, et je vais commander une friture d'une espèce de goujons d'Afrique particulière à la Chiffa.

— Allons-y gaiement! dit Guertin en dégringolant de son mulet.

Les Arabes déchargèrent les mulets et nos voyageurs entrèrent dans l'auberge qui est pittoresquement établie à l'entrée d'un ravin ombreux, au fond duquel s'enserre un ruisseau qui s'épanche en cascade dans le lit de la Chiffa.

Le Rocher des Singes est la station favorite des touristes qui visitent les célèbres gorges. Il tire son nom des nombreuses familles de singes qui habitent la forêt escarpée. De la route, on les voit se livrer à leurs ébats et rien n'est intéressant comme de suivre dans leurs exercices ces tribus de quadrumanes. A la vue de cet étrange spectacle, le père Martin avait oublié la faim qui le dévorait, et l'ami Guertin fut par trois fois obligé de le tirer par la veste, pour le rappeler à la réalité.

Le repas fut gai et pendant toute sa durée, on disserta sur les choses d'Afrique.

Après un repos de deux heures, nécessaire pour les bêtes de somme, nos émigrants reprirent leur route vers Médéah, où ils arrivèrent à la tombée de la nuit.

— Nous voici à notre dernière étape, dit Mallet.

— Demain, nous coucherons sur vos terres, père Martin, ajouta Antoine.

— Que Dieu nous protége ! exclama l'émigrant.

VI

L'INSTALLATION.

Dans la soirée même où les émigrants arrivaient à Médéah, le caïd des Ouamri était installé comme de coutume, entouré de ses administrés, sous les lentisques séculaires de Sidi-Ali-Tamdjerett. L'assistance était nombreuse et l'on parlait de l'état des récoltes, lorsqu'un piéton remit au caïd une lettre.

— Où est Ali-ben-Kouider?

Le fanatique maître d'école s'avança.

— Lis cette lettre!

— C'est une lettre de chrétien.

— Je ne te demande pas de qui est cette lettre, je te dis de la lire.

Le taleb ouvrit le pli et lut :

« Louanges à Dieu.

« A l'illustre caïd Abd-el-Kader, des Ouamri, que la « bénédiction de Dieu descende sur toi et sur les tiens. « Le but de cette missive est de t'informer que demain, « s'il plaît à Dieu, j'arriverai sur ton territoire avec « mes amis les colons de France, et, conformément à la « promesse obligeante que tu me fis, je te serai recon- « naissant de faire dresser sur leur concession, près de « la source, une de tes tentes pour les abriter à l'arri- « vée; le lendemain nous te la restituerons. Ceci est « écrit sous la dictée d'Antonio, par le taleb, écrivain « public de la place du marché aux grains de Blidah. « Que Dieu ait pitié de sa misère et lui envoie beau- « coup de pratiques. «

— C'est bien, dit le caïd ; je ferai dresser une tente pour recevoir ces braves gens ; leur voisinage ne pourra que nous être utile, car ils ont mille industries et savent tirer parti de la moindre parcelle de terrain.

— Ils ont la science inspirée par Satan ! dit Ali.

— Langue venimeuse ! quelle est donc ta science, à toi, qui te dis inspiré par Dieu ?

— Ma science c'est la connaissance de la parole de Dieu.

— Ali ! dit le caïd, chacun de nous est ici bon musulman, et pour ma part, je me crois dans la voie du Seigneur aussi bien que quiconque parmi vous ; mon sang a prouvé ma ferveur ; eh bien ! devant Dieu, je n'ai aucune haine pour le conquérant, car il est juste et humain, et son triomphe constant est la manifestation divine la plus évidente. D'ailleurs je lui ai prêté serment de fidélité et je lui serai fidèle, car si tu te souviens, ô lettré ! au chapitre 93 du livre XVI, Dieu a dit :

« Soyez fidèles au pacte de Dieu, vous qui l'avez con « clu, ne violez point les serments que vous avez faits « solennellement. Vous avez pris Dieu pour caution et « il sait ce que vous faites. »

— Je le sais, dit Ali.

— Eh bien, tais-toi ! va porter ta haine ailleurs et laisse-nous vivre en hommes. La vie n'est pas l'isolement.

Puis se tournant vers l'assemblée :

— Que les gens de bien, de paix et de sagesse parmi vous se réunissent à moi, demain, pour recevoir ces inconnus qui vont vivre de leur travail sur la terre commune et se désaltérer à la même source que nous.

Le lendemain, dès l'aube, le caïd assisté de quelques Arabes de la contrée, faisait dresser une tente sur la concession du père Martin, sise à mi-côte de la vallée du Chéliff, assez étroite en cet endroit. Des poteaux numérotés indiquaient les limites du territoire de la colonisation et celles de chaque concession. Le pays est magnifique : une plaine fertile suit les rives du fleuve et les coteaux qui la dominent s'élèvent mollement par une pente douce, au nord jusqu'au sommet de l'Ouamri, au sud jusqu'aux crêtes brisées des Rerib.

Vers midi, la caravane fut signalée et on la vit bientôt descendre le coteau, à travers les bois d'oliviers et les bosquets de térébinthes.

Ali-ben-Kouider s'était posté sur un monticule surplombant la route, pour voir les arrivants. Dans sa ferveur, il priait Allah de lui pardonner la vue des mécréants. Un massif de lauriers-roses le cachait complétement et de son observatoire il pouvait voir sans être aperçu.

Lorsque les colons défilèrent sous les yeux du fanatique, leur conversation était vive et joyeuse ; les jeunes gars, marchant en tête, chantaient une ronde du pays et les soldats égayaient par leurs récits la longueur de la route.

Antoine savait par expérience que l'arrivée sur la terre où l'on doit vivre et mourir est un moment anxieux pour l'homme qui s'expatrie; aussi avait-il donné le mot aux camarades pour faire diversion à ce sentiment fatal. Mallet était fou de gaieté, racontant les campagnes fantastiques de Jean Dumanet, et Venon, Guertin et le sapeur l'aidaient le mieux possible dans sa mission joyeuse. Le père Martin sursautait sur son mulet, à force de rire, Marianne faisait de même et Marguerite, riant à gorge déployée, laissait voir la plus jolie rangée de dents blanches qu'ait jamais contenue bouche rose.

A la vue de la jeune fille, Ali faillit laisser échapper un cri d'admiration.

— Comment! dit-il mentalement, Allah leur a donné toutes les joies : la force, la puissance, la domination et des femmes jolies!

Et le pauvre ignorant s'abîma dans sa pensée; croyant jusqu'alors que Dieu n'avait créé la beauté et les autres joies de la terre que pour les Musulmans.

Le jeune taleb avait été vivement impressionné par l'apparition de Marguerite. Dans ses moments d'extase, au coin des haies de cactus, lorsqu'il rêvait aux houris promises dans le ciel, son imagination n'avait jamais créé un ensemble gracieux aussi parfait.

— Oh! Dieu juste! dit-il, est-ce une tentation que tu m'envoies?

Pendant ce temps, les colons étaient arrivés à la concession.

— Père Martin, dit Mallet en sautant en bas de son mulet, nous voici à la Martinière.

Le lazzi du zouave n'eut aucun succès.

Comme l'avait prévu Antoine, la vue de cette terre située au milieu de contrées inconnues, sur laquelle il fallait vivre désormais, avait vivement ébranlé le brave paysan ; malgré sa résolution, sa pensée s'était immédiatement transportée à Seuilly : il voyait la maisonnette paternelle appuyée depuis des siècles contre le presbytère, les maisons des voisins, la petite église et le château du Coudray dominant le village. Le brave homme ne put retenir un sanglot. Il y eut un moment de poignante tristesse. Marianne n'avait trouvé que des pleurs pour consoler son mari ; quant à Marguerite et aux fils, ils étaient venus confondre leurs larmes avec celles de leurs parents. Les soldats, spectateurs de cette scène attristante, restèrent muets, et les Arabes respectèrent cette douleur.

— Que les riches sont heureux, dit avec amertume le père Martin. Ils peuvent mourir où ils sont nés. Mes pauvres enfants, pardonnez-moi de vous avoir ainsi conduits à l'aventure.

— Père, dit Pierre, nous sommes avec vous, soyez fort. La France était trop petite pour nous contenir, nous venons l'agrandir.

— Bien parlé, mon gars ! dit Antoine.

— Et puis, c'est pas tout ça, père Martin ! le vin est versé, il faut le boire.

En ce moment, le caïd Abd-el-Kader crut pouvoir s'avancer.

Il tendit la main au paysan :

— Vous venez, dit-il, d'arroser de vos larmes cette terre; elle est consacrée. Fasse le ciel que ces larmes soient les dernières. Quant à nous, gens du pays, nous ferons de notre mieux pour éloigner de vous toute affliction.

Antoine traduisit au père Martin les souhaits de bienvenue du chef arabe.

Le colon ôta son chapeau et remercia l'indigène.

— Voici votre tente pour la nuit; ne vous occupez de rien ce soir; à l'heure du repas, mes serviteurs vous apporteront la diffa. C'est l'usage, ajouta le caïd pour arrêter un geste de refus d'Antoine.

Puis il s'éloigna, suivi des siens.

Sliman fit décharger les bagages et les ustensiles. Le tout fut rangé sous la tente.

— Maintenant, faisons le tour du propriétaire, dit Mallet.

— Ceci me regarde, dit le sapeur du génie, vu que c'est moi qui suis l'ingénieur et l'architecte de la bande, et que subjectivement je connais la géométrie.

—Voyons ça, dit le père Martin, et il tira de sa poche son titre de concession, auquel était annexé un plan descriptif.

Le sapeur s'empara du plan.

— Commençons par le commencement, dit-il d'un ton grave.

— Quel commencement? dit Mallet.

— Mais le commencement de la concession.

— Malin, va! puisque les lignes se rejoignent, il n'y en a pas, de commencement.

— Mais si, il y en a un commencement. Le commencement sera le commencement par où nous commencerons.

— Il a raison, dit la mère Martin.

— Mais non, reprit Mallet d'un ton capable; aux zouaves, lorsque nous tirons des plans, le commencement, c'est le nord.

— Va pour le nord.

— Eh bien! le nord, le voilà à ce rideau, vu qu'aux zouaves, le nord est de l'autre côté du sud.

— Au génie aussi! répliqua le sapeur avec aigreur.

— Eh bien! alors...

— Que vous allez vous disputer sur le terrain de la concession du père Martin; ousque les camarades ils doivent s'en faire de réciproques, dit le fusilier Venon?

— Préalablement, dit le sapeur, commençons par le nord. Qu'il est limité par la source, la concession n°22 et un champ de figuiers appartenant au citoyen.,... au citoyen...

— Fais voir ça, toi, c'est de l'arabe, ça me regarde.

Mallet prit le plan et lut :

— Au citoyen... pourquoi citoyen? Dis donc, sapeur, un Arabe n'est pas citoyen; aux zouaves, lorsqu'on fait du chic, on dit : au sidi.

— Eh bien! par approximative, sidi, c'est citoyen.

— Allons donc!... à Sidi-Mohamed-ben-Abd-el-Kader-ben-Aïssa-ben-Ali-el-Berrani-Ould-el-Hafiz-ben-Sidi-Abdallah-el-Meki.

— Sacristi! dit Guertin, voilà un nom commode pour répondre à l'appel.

— Au pas gymnastique on aurait le temps de faire le tour du Champ de Mars, ajouta Venon.

— Eh bien! dit Mallet, tout ça n'est pas difficile :

voilà la source, voilà la concession n° 22, et le champ de figuiers nous crève les yeux.

Tandis que les soldats discutaient, le père Martin examinait le sol avec son cornouiller ferré.

— Bonne terre, mes enfants, disait-il, bonne terre; sans marne et sans cailloux.

Lorsqu'ils eurent fini de visiter la concession dans toute son étendue, ils revinrent vers la tente, où la diffa les attendait.

Le père Martin était très-satisfait de son exploration.

— Mes gars, dit-il à ses fils, avec un peu de courage, avant cinq ans, nous aurons au soleil une ferme de Touraine, plus belle que celle de la Bourdillière, des Lecoq de Lerné !

— Et nous irons passer l'été en France, comme des marquis ! dit Mallet.

Le repas était somptueux. Le caïd avait fait les choses en grand seigneur. Le couscous était blanc, le mouton rôti à point, les ragoûts savoureux et les gâteaux au miel faits de la pâte la plus fine.

En hôte poli, le caïd présidait le repas sans y prendre part, suivant l'usage arabe.

La Touraine était loin, l'Algérie était proche, et l'on parlait de l'avenir, lorsqu'au grand étonnement de l'assemblée indigène, on vit entrer Ali-ben-Kouider.

Son visage était souriant, sa lèvre renversée exprimait plutôt la bonhomie que le mépris qui la contractait d'habitude. Il salua l'assistance, et envoya de la main à Antoine son plus gracieux salamalek.

— Que viens-tu faire ici? demanda le caïd.

— Saluer les hôtes qu'Allah nous envoie.

— Que signifie cette nouvelle mômerie ?

— Seigneur ! ta parole m'a convaincu ; j'abjure l'erreur et je me soumets aux décrets de Dieu.

Le caïd et Antoine se regardèrent étonnés.

VII

SLIMAN ET FATMA

La tente du cheikh Ismaël était, comme nous l'avons dit, une des plus importantes des Douairs. Du Maroc à Tunis, elle était connue pour son hospitalité et la pureté de ses mœurs.

Le cheikh avait cinq fils, tous cavaliers accomplis et sachant tirer la poudre, et les chefs des grandes familles tenaient à honneur d'épouser ses filles. Ses alliances étaient nombreuses et puissantes, et aux jours de carnage, le vieillard pouvait réunir plus de deux cents cavaliers parmi les siens, tous gens au bras solide et au cœur ouvert.

Un des événements terribles de l'histoire des Daïri avait été la prise de leur smala par les Français, et lorsque l'on connait la constitution de la famille arabe, on comprend l'immense dette que ces hommes avaient contractée vis-à-vis du jeune zouave Mallet. Ce n'était pas seulement la vie des femmes et des enfants qu'avait sauvée le soldat français, c'était l'honneur de toute la famille.

Nous avons vu de quelle nature étaient les liens qui unissaient Mallet et les Daïri.

Les années s'étaient écoulées et n'avaient point affaibli ces sentiments de reconnaissance. Au lieu de prendre périodiquement, comme les camarades, un semestre pour venir en France, où il n'avait plus de famille, le zouave Mallet obtenait de temps à autre une permission de quinzaine et allait la passer chez les Douairs. Là, il était reçu comme l'enfant de la maison. Le gynécée lui était ouvert comme aux fils de la tente, et l'âme honnête du soldat savourait sans arrière-pensée de trahison cette vie intime de la famille. Il avait vu, une à une, les jeunes filles se marier, et aux noces il était le plus gai et le plus bruyant des invités.

Cependant un jour il entendit le père, dans une assemblée d'hommes, annoncer qu'un puissant cavalier du sud recherchait la main de Fatma, la dernière de ses filles.

Sans se rendre compte d'une façon exacte du sentiment qu'il éprouvait, cette nouvelle attrista le zouave.

— Elle est bien jeune encore, observa-t-il.

— Bien jeune ! Elle est sur la porte de la puberté; son sein se gonfle.

— C'est possible, insista le zouave, mais elle est bien délicate.

— Tu parles comme un Français, dit le cheikh, qui ne marie sa fille qu'à vingt ans, lorsque déjà la moitié de la vie s'est écoulée On se lève à l'aurore et non à midi, et l'on épouse les jeunes filles le jour où Dieu a manifesté qu'elles sont femmes. D'ailleurs, ajouta le cheikh, ma fille se mariera à sa convenance; dans ma famille nous rougirions de la répudiation de l'une des nôtres et nous ne voulons que de bons ménages.

Le soir, Mallet causait avec les femmes.

Fatma avait alors seize ans. Ses formes juvéniles se dessinaient pudiquement sous son *abaïa* de soie et de laine blanches, sorte de grande chemise, serrée à la taille par une ceinture de Tunis aux couleurs éclatantes; ses bras nus et hâlés se détachaient, purs de forme, de ce vêtement primitif qui devait être celui de Rebecca. Malgré le brevet de délicatesse que dans sa sollicitude Mallet lui avait octroyé, Fatma était puissante et robuste, et le sang circulait chaudement sous sa peau brnne. Sa beauté était éclatante, et comme toutes les filles des Douairs et des Oulad-Mokhtar, sous ses cils noirs brillaient des yeux bleus d'une pureté de nuance incroyable.

La jeune fille était accroupie auprès du zouave, et les mères étaient présentes. Sur les tapis, les enfants se roulaient avec les lévriers.

— Ton père songe à toi, dit Mallet.

— Je le sais, dit Fatma en rougissant, mais sa pensée ne me fait pas peur.

— Tu veux donc te marier?

— Je ne sais. Si Dieu le veut, je serai épouse.

— Eh bien! Dieu le voudra, dit Mallet avec un soupir, car ton père t'a choisi un mari.

— Dites donc, ma mère, croyez-vous cela? demanda Fatma.

— Je crois au désir de ton père de te voir heureuse.

— Moi, d'abord, dit la jeune fille, je veux un époux à mon goût, et si mon père me laisse le choix comme à mes sœurs, mes désirs seront comblés.

— Le Seigneur agira avec toi comme avec ses autres filles, répondit la mère.

— Eh bien! alors, tous les cavaliers des steppes peuvent arriver; ils feront deux fois le chemin : Une fois pour venir, une fois pour s'en retourner.

— Tu as donc fait ton choix? demanda Mallet.

— Peut-être, dit l'enfant.

Parfois, Fatma disait à Mallet :

— Tiens, vois-tu, Mallet, je t'aime bien; n'as-tu pas sauvé la vie de ma mère? J'étais bien petite, mais je me souviens. Ai-je eu peur lorsque je t'ai vu avec ton grand fusil? Eh bien! si je me marie, je voudrais avoir un époux comme toi, brave et bon, avec tes yeux féroces et doux à la fois. Je le voudrais avec ta barbe noire qui effraie et ta parole qui attire. Je le voudrais fort et fier; un homme que l'on craint et que l'on aime; un homme comme mon père.

Cependant un jour, Mallet quitta le douar du cheikh l'âme attristée; il aimait Fatma et n'osait se l'avouer à lui-même.

— Comment, mon gaillard! se disait-il, un soldat qui va avoir son congé se laisser amouracher ainsi pour une jeune fille. Et quelle jeune fille? Une Arabe riche et de noble famille! Allons, mon bonhomme, rengaîne ton sentiment et retourne fréquenter les payses.

Et le pauvre garçon, croyant donner le change à sa pensée, courtisait en rentrant à Alger toutes les filles qu'il rencontrait. Mais l'image de Fatma ne s'effaçait pas et s'imposait de plus en plus à son souvenir.

Sliman n'avait pas tardé à remarquer le changement qui s'était opéré chez le zouave et la langueur dans laquelle Fatma était tombée depuis le départ de Mallet.

Un soir, Sliman prit sa sœur à part.

— Tu aimes le chrétien? demanda-t-il, sans autre préambule.

Fatma resta interdite.

— Sœur chérie, parle! je n'aurai pas de paroles amères pour te blâmer.

— Je l'aime! dit la jeune fille en cachant son visage avec ses mains.

— Tu sais qu'il est chrétien et que cet amour est un deuil pour nous?

— Je le sais, aussi ma résolution est prise : je souffrirai.

— Mais lui aussi souffrira, car il t'aime.

— Je le sais, nous souffrirons tous deux.

— Quel puits de chagrin est creusé dans ta vie! dit Sliman. Il faut que le père connaisse cet amour.

— Pourquoi l'affliger?

— Sœur! Il faut que le père sache tout.

— Il me maudira, Sliman!

Le jeune homme se tut.

— Non! dit-il, il est croyant et loyal, et son cœur est large. D'ailleurs, c'est notre devoir.

Sliman entra dans la tente où était le cheikh Ismaël.

— Père! dit-il, j'ai une parole d'honneur à te dire, une douleur à te faire; tiens ton cœur.

— Parle, mon fils; quelle bouche plus amie pourrait m'annoncer un malheur?

— Père, ta fille chérie est aimée, et la loi s'oppose à ce que l'homme de son choix devienne son époux.

— Quel est-il, celui-là ?

— C'est notre ami, le zouave français.

Le vieillard se recueillit.

Sliman, anxieux, attendait une réponse.

— Va ! dit le scheikh Ismaël, à la tente du cadi et dis-lui de venir de suite.

Lorsque le cadi arriva, le cheikh l'invita à s'asseoir.

— Mon fils, dit-il à Sliman qui se retirait, reste et sois témoin.

Le cheikh Ismaël expliqua la situation pénible dans laquelle il se trouvait. Il raconta l'épisode de la prise de la Smala.

— Si cet homme eût voulu, il eût pris toutes nos femmes et choisi parmi elles celle qu'il eût désirée pour sa couche. Il les a toutes respectées et depuis, dans l'intimité de la famille, il n'a jamais dit une parole blessante. L'amour est venu, silencieux de part et d'autre, et Dieu ne saurait créer le tourment.

— Seigneur, la loi est explicite sur ce point. Dieu a dit : « Ne donnez point vos filles aux infidèles tant qu'ils n'auront pas cru. »

— Cependant Dieu est miséricordieux, soupira le cheikh.

— Père, puis-je parler ? demanda Sliman.

— Parle, mon fils.

— Maître, dit le jeune homme en s'adressant au cadi, vous avez mis dans mon esprit et dans mon cœur la parole de Dieu ; ma mémoire est fraîche et je me souviens qu'au verset 7 du chapitre x, il est dit : « Il vous « est permis d'épouser les filles honnêtes des croyants

« et de ceux qui ont reçu les *écritures* avant vous. » Or, si Dieu a permis le mariage mixte avec les chrétiennes et les juives sans imposer l'abjuration, il peut se trouver des cas où le chrétien peut épouser une musulmane.

— Sliman, le texte que tu cites est exact, dit le cadi, et je sais qu'au temps de la conquête d'Espagne, il y eut de nombreux échanges par le mariage, des femmes des deux religions; mais ces temps sont loin et l'usage en est perdu.

— Les précédents existent néanmoins? dit le cheikh.

— Seigneur, je ne saurais répondre à une question aussi grave. J'ai besoin de revoir les textes de la loi et de me recueillir

— Va, dit Ismaël, et reviens ce soir m'ôter tout souci. Sliman, ajouta-t-il, en s'adressant à son fils, tu conduiras chez le cadi cinq brebis pour le rémunérer de la peine que nous lui donnons. Ceci sans préjudice du contrat, s'il y a lieu.

Le cadi remercia en se retirant le cheikh de sa générosité.

Lorsqu'il fut parti, Sliman dit à son père :

— Le cadi trouvera le texte.

— Mauvaise langue ! fit le vieillard.

— Je ne veux point médire, dit en souriant le jeune homme, mais notre situation vis-à-vis des Français est bien plus intime que celle qui existait entre nos pères et les Espagnols, et si les alliances ont eu lieu entre chrétiens et musulmanes, comme l'affirme le cadi, je ne vois pas pourquoi dans un état social identique, elles ne se renouvelleraient pas.

Sliman conduisit les brebis chez le cadi. En passant

devant la tente des femmes, il vit sa sœur aux aguets; par un clignement d'yeux accompagné d'un sourire, il fit revivre l'espérance dans l'âme attristée de Fatma.

A la nuit, l'homme de loi revint.

— Seigneur, dit-il, le mieux serait de se dispenser de cette union, mais si pour des motifs graves, elle est utile, je pourrai faire le contrat en me basant sur les alliances pareilles qui, au VIIIe siècle de l'Hégyre eurent lieu à Cordoue, Murcie et Séville, entre des seigneurs chrétiens et des filles de l'Islam. La plus célèbre parmi ces unions fut celle d'une fille de la famille orthodoxe des Beni-Khaled, de Murcie, avec l'infidèle Castillan Pierre de Bermaz, chef des éclaireurs ennemis.

— Je savais que ta science était inépuisable.

— Les noces furent brillantes, de part et d'autre; il y eut tournois et séances de poëtes, et, ajouta le cadi, d'une voix mielleuse, les cadeaux les plus somptueux furent agréés par l'homme de Dieu qui fit cette union mémorable.

— Merci, cadi; le point principal est établi et tes lumières nous ont éclairés. Le jour du contrat, s'il y a lieu, ton cœur s'épanouira.

Lorsque l'homme de loi fut parti, le cheikh dit à Sliman :

— En conduisant les mules à Mallet, tu lui diras de venir le plutôt possible au douar. Pas un mot de plus, pas un mot de moins.

Ismaël, en entrant dans la tente des femmes, appela Fatma.

— Mon enfant, lui dit-il, chasse le chagrin qui t'oppresse et laisse entrer la joie à pleins bords dans ton cœur.

VIII

LES PREMIERS TRAVAUX.

Le soir même où les colons arrivèrent sur la concession, Mallet sortit à la nuit tombée de la tente, en faisant signe à Sliman de le suivre.

Lorsqu'ils furent en plein champ, le zouave prit la main de l'Arabe :

— Frère, dit-il, parle-moi !

— Frère, répondit Sliman, je ne puis pas te parler. Sache seulement que Fatma joyeuse, t'envoie le salut et que mon père t'invite à venir le voir dans le délai le plus bref.

— Alors... commença Mallet, en proie à l'émotion la plus vive.

— Pas un mot de plus. Si tu es homme tu dois comprendre ; à mon père seul il convient de parler.

Mallet secoua avec effusion la main de Sliman.

Le lendemain dès l'aube, tout le monde était sur pied à Amoura.

— Voyez-vous, père Martin, dit Mallet, il faut nous hâter; d'autant plus que j'ai une affaire importante dans les environs, et le temps est précieux pour vous comme pour moi, et puis les permissions des camarades sont limitées comme la mienne. On va vous bâtir des gourbis, en attendant que vous puissiez vous bâtir une ferme.

— Ça, ça me regarde, dit le sapeur, vu que c'est moi qui suis l'ingénieur et que j'ai tiré mes plans cette nuit. On va vous faire en torchis une grande salle-cuisine, deux chambres à coucher, une écurie, un hangard pour les bestiaux et un pour les outils. Ça suffira pour commencer.

— Eh bien, où sont-ils, ces plans? demanda Mallet.

— Là, dans ma tête... du génie, dit le sapeur en riant. Est-ce que tu veux encore me contrarier?

— Moi ! dit Mallet, moi ! te faire de la peine, ah bien, non ! Tiens, mon vieux, la vraie vérité ! Tu peux faire tout ce que tu voudras; Mallet sera ton gâcheur, ton pile-mortier, tout ce que tu voudras.

— Eh bien, alors.....

— Eh bien, alors, mon vieux, puisque tu prends la direction faut se hâter et donner la marche et l'ordre.

Le sapeur, peu habitué à ces concessions de Mallet, l'apostropha :

— Dis-donc, zouave, est-ce que tu veux me berner?

— Moi ! te berner ! Ah ma foi, non ! je suis trop heureux pour ça. Tiens, mon vieux copin, j'ai tant de bonheur dans le cœur que tu peux m'insulter, dire que les zouaves sont des propres-à-rien, que le colonel du régiment se parfume et que moi, Mallet, j'ai tellement peur que mon fusil ne parte que je crache dans le bassinet.

— Tu deviens fou !

— A peu près, mais *motus !* tu sauras tout plus tard.

Et Mallet, avec un entrain que décuplait son impatience, mit tout le monde en branle. Guertin et Venon, sous la direction du sapeur et avec son aide, firent les terrassements; le père Martin et ses trois fils accompagnés d'Antoine, allaient dans la forêt couper le bois de charpente et lui, Mallet, avec Sliman et les muletiers, s'employa activement à charrier le sable du Chéliff.

Six jours après leur arrivée, les colons et leurs amis attachaient le bouquet de couvreurs sur le toit en chaume de l'habitation provisoire du colon.

Pendant tout ce temps-là, Ali-ben-Kouider n'avait cessé de venir journellement faire sa visite aux colons. Il choisissait de préférence l'heure où Marianne et Marguerite étaient seules. Ne sachant dire aucun mot de français, il restait là muet, en face des deux femmes, dévorant du regard Marguerite et cherchant dans ses yeux à prévenir ses désirs.

Toi, bono ! était le fond de la langue qu'il parlait. Il répétait ces deux mots à satiété et à tout propos.

Un soir, Marguerite, avant la tombée de la nuit, alla à la fontaine qui était située à une trentaine de mètres au-dessus de la ferme. Ali l'y avait précédée.

La jeune fille en voyant Ali debout, appuyé contre un figuier qui ombrageait la source, s'arrêta indécise.

— Toi, bono ! lui dit avec son sourire le plus engageant le taleb, puis il alla prendre de ses mains les bidons pour les remplir.

— Toi, bono ! dit-il, en les tendant à Marguerite.

Marguerite allait rire de ce *toi*, *bono!* éternel, lorsqu'elle fut arrêtée dans son explosion d'hilarité par la pantomine vive et animée de l'Arabe, qu'accompagnaient des paroles incompréhensibles pour elle,

Ali, la main gauche sur son cœur, et la main droite sur ses lévres, disait à Marguerite en arabe :

— O créature de Dieu ! descends ton regard vers moi, laisse entrer ton amour dans mon cœur, pour qu'il en chasse la haine que j'ai pour ta race.

Marguerite tout émue, le corps tremblant, la joue en feu, rentra à la ferme au moment où Antoine revenait du travail avec les jeunes frères,

— Qu'avez-vous, Marguerite? demanda l'ancien soldat.

— Rien, répondit la jeune fille; je viens de la fontaine et j'y ai rencontré cet Arabe qui vient ici. J'ai eu peur, c'est un enfantillage !

— Ah ! fit Antoine, et que vous a-t-il dit?

Marguerite rougit.

Antoine se tut.

— Père Martin, dit-il après un moment de silence, il vous faut ici deux bons chiens que vous tiendrez enchaînés le jour et que vous lâcherez la nuit. Il n'y a rien à craindre dans ce pays-ci, mais il faut tout de même se tenir en garde contre les maraudeurs qui parcourent la contrée. Toi, Pierre, je t'apporterai un fusil, ça te servira pour la chasse et aussi pour faire respecter la maison.

— Moi, j'en veux un aussi, dit Jean ; je serai toujours seul dans les bois pour garder les bestiaux, et dame! je pourrais bien voir les chacals.

— Tu es d'âge aussi, tu as quinze ans ; je t'apporterai également un fusil.

— Eh bien ! cria Auguste, et moi donc ! croyez-vous que je ne vais pas besogner ? Père m'a dit qu'au premier bœuf rentrant, j'irais faire de l'herbe par les champs, mais c'est bien dangereux, ça ! il me faut aussi un fusil.

— Veux-tu te taire, gamin ! dit Antoine en riant.

— Pourquoi pas apporter ici tout un arsenal ? dit le père Martin.

— Mes enfants, continua-t-il, je commence à m'habituer à mes champs, il y aura moyen de faire quelque chose de bien ; j'élaguerai les broussailles des hauts pour faire de la futaie, au-dessous je planterai de la vigne jusqu'à la hauteur de la source, le terrain est sec et pierreux comme un terrain saumurois ; contre la fontaine je mettrai le potager, en laissant les cinq hectares de dessous pour la garance, le tabac et peut-être bien le coton ; la prairie du bas, une fois bien nettoyée, sera pour les bestiaux et avec tout le restant, environ vingt hectares, nous ferons de la grande culture. Savez-vous bien, mes enfants, que si ça s'arrangeait comme ça, ce serait une terre bien rendant, et si l'on pouvait se clore, ça vaudrait peut-être mieux encore.

— Père Martin, un conseil, dit Antoine, ne perdez pas votre temps à faire des fossés, les colons se ruinent avec leur amour de la barrière ; à la charrue semez sur vos limites un sillon de ricin et laissez pousser, les bestiaux n'en approcheront point ; en fin d'année, vous aurez une bonne récolte à vendre et cela suffira pour vous clore.

— Comment ! les bestiaux ne peuvent pas traverser un sillon de ricin ?

— Je ne dis pas ça, mais la plante leur répugne et ils ne s'en approchent jamais.

— Ah ! oui-dà ! c'est une bonne idée tout de même et je la mettrai en pratique.

— C'est demain que vous partez, mes amis ? dit Antoine aux soldats.

— Moi je vous quitte ce soir, dit Mallet, à l'instant même.

— Et pourquoi ne pas nous attendre ? demanda le sapeur.

— Curieux, va ! Parce que je vais dans le sud et que vous allez dans le nord.

— Toujours cachotier !

— Tenez, mes amis, ne m'interrogez pas ; je suis faible, je pourrais vous dire ce que j'ai là, dit Mallet en se frappant la mamelle gauche, et il n'y a peut-être là qu'un gros malheur.

— Es-tu en danger ? demanda Antoine, veux-tu que j'aille avec toi ?

— Moi en danger !... peut-être, mais en tout cas, ta présence ne pourrait ni le prévenir, ni l'adoucir. Père Martin, ajouta-t-il en serrant la main du colon, bonne chance ! A ma première permission je viendrai vous voir.

Il embrassa Marianne et Marguerite, puis serra la main aux camarades et aux gars, et, montant à cheval accompagné de Sliman, il disparut bientôt au tournant du coteau.

Le lendemain, sac au dos, les *pays* prenaient la route d'Alger et Antoine partait pour le marché de l'Arba du Djendel, où il se rendait tous les mercredis pour y faire trafic.

— A ce soir, dit ce dernier en partant.

— Au revoir, mes amis, cria la mère Martin en essuyant ses yeux pleins de larmes, du coin de son tablier.

— Nous voilà seuls ! dit tristement Martin.

Chaque membre de la famille avait le cœur serré !

— Soyons forts, mes amis, et à la grâce de Dieu !

IX

LE ZOUAVE MALLET

Par suite d'une pluie abondante qui n'avait cessé de tomber consécutivement pendant six jours, les barrages du sud étaient pleins d'eau et les herbages avaient poussé vigoureusement dans toute la zone nord du Sahara. On était dans les derniers jours de septembre et le soleil se levait au milieu d'une brume transparente et irisée, faisant scintiller sur les plantes couvertes de rosée, ses rayons qui rendaient la plaine éclatante comme un tapis vert sur lequel on eût semé des saphirs, des diamants et des émeraudes.

Tous les Sahariens qui, comme d'habitude, s'étaient réfugiés avec leurs troupeaux dans le Tell pour y passer l'été, levèrent leur campement et se dirigèrent vers le sud.

Parmi les douars qui émigraient aux premières pluies, se trouvait celui du cheikh Ismaël. Le déplacement était considérable. En tête, sur de fringants chevaux richement caparaçonnés et portant des selles de velours brodées d'or, les quatre fils présents à la tente ouvraient la marche, suivis de leurs serviteurs portant les fusils à la crosse niellée et aux capucines en argent repoussé. Puis venait le fauconnier, ayant huchés sur sa tête et sur ses épaules les oiseaux de race, encapuchonnés. Les lévriers, grands et élancés, groupés comme un troupeau de gazelles, suivaient la piste des chevaux. Derrière cette avant-garde venait le cheikh Ismaël, entouré de ses gendres, de ses alliés et de ses clients. Au milieu de ce groupe, que l'on pouvait comparer au fort d'une armée en marche, se prélassaient les dromadaires porteurs des *atatïch*, énormes palanquins recouverts de tissus de laine et de soie, aux couleurs éclatantes et se terminant en dôme, que dépasse comme une flèche de cathédrale, le montant du réduit aérien. A la flèche du palanquin de l'épouse du chef tintent des clochettes attachées à un bouquet de plumes d'autruche, blanches et noires, qui dominent tout cet échafaudage brillant et bruyant.

A la suite, marchaient les dromadaires chargés des tentes, des tapis et des ustensiles de ménage. Puis le troupeau de moutons, fort d'au moins six mille têtes, conduit par les bergers, harcelé par les chiens. Puis enfin venaient quelques pâtres, portant les agneaux nés pendant la route, et deux piétons armés de longs bâtons, formaient l'extrême arrière-garde, chargés de faire hâter le pas aux moutons veules ou malades.

Toute cette caravane se déroulait sur un parcours de

trois mille mètres. Elle déboucha dans le Sahara par le défilé de Omm-el-Aadam.

Lorsque les cavaliers se trouvèrent en plein Sahara, ils saluèrent l'immensité par une décharge de leurs armes, et, immédiatement, les chevaux, surexcités par l'odeur de la poudre et l'éclat de la fusillade, partirent comme des flèches et fournirent une longue carrière. Au temps d'arrêt, les cavaliers rechargèrent leurs fusils sur leurs chevaux piaffants, puis se couchant sur leurs montures, la tête au ras des arçons, ils vinrent à toute bride se jeter au milieu des dromadaires porteurs des atatich. Alors commença *Chetah'tt-el-ibel*, *la danse des chameaux* (1).

Aussitôt que les cavaliers arrivent sur une smala en marche, en saluant de la fusillade et en poussant des cris, les femmes qui occupent les atatich accueillent cet hommage par un *toulouïl* prolongé, cri de joie aigu et strident, que modulent avec plus ou moins d'art les lèvres roses des Sahariennes. Le cavalier aimé a toujours l'oreille assez fine pour reconnaître le son de la voix amie.

Effarouchés par la fusillade, les cris des cavaliers, le toulouïl des femmes, le tintement des clochettes, les chameaux commencent ces courses désordonnées dans l'espace que les Arabes appellent *la danse des chameaux*. La femme de cœur et d'énergie se reconnaît à cet exercice; elle mourrait de honte, si la frayeur lui arrachait

(1) C'est à tort que l'on dit chameau; en Algérie, il n'y a que des dromadaires. En employant le mot chameau, nous nous conformons à l'usage algérien.

un cri, ou si, perdant son équilibre, elle écartait les voiles qui entourent l'*atouch* (1).

Toutes les fois que les smala sont en marche, les cavaliers ne manquent jamais de faire la fantasia et, par suite, de faire exécuter *la danse des chameaux*, moins, nous en sommes convaincu, dans le but courtois de rendre un hommage aux dames et aux demoiselles, que dans celui d'habituer les femmes à supporter les cahots et les ébranlements que produit la course du dromadaire, pour qu'aux jours de désastre et de fuite elles soient accoutumées à cet exercice violent et au bruit émouvant de la poudre.

Lorsque la caravane arriva au lieu du campement, au sifflet des conducteurs, les chameaux s'agenouillèrent pour mettre à la portée des hommes leur chargement. En un clin d'œil, les bagages furent à terre et les serviteurs se hâtèrent de dresser les maisons de poil.

Le cheikh Ismaël venait de s'accroupir, ainsi que ses fils, sur le tapis à longue laine que les serviteurs avaient étendu sous sa tente, lorsqu'on lui annonça l'arrivée de deux cavaliers qui venaient d'apparaître sur les dernières pentes du Tell.

— Mes fils, dit le vieillard, si ces cavaliers sont votre frère et le zouave, vous les recevrez à l'étrier, comme il convient de le faire, et vous vous éloignerez lorsqu'ils entreront sous ma tente. Quant à toi, Kouider, tu disperseras les bergers, et toi, Mohamed, tu veilleras au campement et tu placeras les vedettes à distance du douar. Dieu nous a donné la paix, mais

(1) Atouch, singulier de atatich.

d'une minute à l'autre il peut nous envoyer la guerre.

Fatma, à travers la cloison en laine qui séparait le compartiment des hommes de celui des femmes, entendit les recommandations de son père; et la coquette, le cœur battant de joie, se mit à sa toilette instinctivement.

Le cheikh ne s'était pas trompé: c'étaient bien Sliman et Mallet qui arrivaient.

Suivant l'usage, ils furent reçus par les fils de la tente et salués avec ce cérémonial affectueux qu'emploient les musulmans.

— Sois le bienvenu!

— Que la joie entre avec toi sous notre tente!

— Nos yeux se réjouissent à ta vue!

— Notre maison est honorée!

Mallet et Sliman rendirent compliment pour compliment et se dirigèrent vers le scheikh Ismaël. Sliman lui embrassa la tête et le zouave lui serra cordialement la main.

— Soyez les bienvenus, mes enfants! Tiens, Mallet, mets-toi près de moi; nos paroles vont être sérieuses et nous avons besoin de nous voir face à face. Toi, Sliman, reconforte ton cœur en allant saluer ta mère.

Lorsqu'ils furent seuls, le cheikh prit de sa main gauche la main du zouave et y appliqua, creux contre creux, sa main droite.

— Frère! la main dans la main et la parole franche.

— Parle, j'écoute, dit le zouave.

— Si ma parole ne te convient pas, tu retireras ta main.

— C'est entendu.

— Tu aimes ma fille Fatma?

— Je l'aime !

— Tu veux l'épouser?

— C'est mon désir le plus cher, le seul qui tourmente ma vie en ce moment.

— Pour l'avoir, que serais-tu capable de faire?

— Je donnerais mon sang! Je suis pauvre et n'ai que ça à donner.

— Tu es chrétien?

— Je suis chrétien.

— Donnerais-tu ta religion?

Mallet retira vivement sa main.

— Réfléchis, dit le vieillard en se levant : et il sortit de la tente.

Au même instant, Fatma passa sa tête à travers la cloison de tissu.

— Mallet ! dit-elle.

Le soldat se retourna.

— J'ai tout entendu ! Résiste ! L'homme qui apostasiera ne sera jamais mon époux !

Mallet allait lui répondre, mais Fatma avait déjà disparu.

Lorsque le vieillard rentra, il trouva le zouave absorbé dans sa pensée; son poing crispé soutenait sa tête et de grosses larmes roulaient sous ses cils.

— Tu t'affliges? dit Ismaël.

Le zouave se redressa. D'un revers de main, il essuya ses yeux, et, se campant fièrement devant l'indigène:

— Oui, je m'afflige ! dit-il, et sans le respect que ma barbe noire doit à ta barbe blanche, je te dirais toute ma pensée.

— Parle !

— Non ! l'âge est entre nous et l'amour de ta fille est

si grand dans mon cœur, qu'il ne m'est pas permis de répondre à l'injure que tu m'as faite.

— Explique-toi ! l'injure était loin de ma bouche et tu ne m'as pas compris.

— Oh si ! j'ai compris. Pour épouser Fatma, il me faudrait renier le Dieu de mes pères, perdre le souvenir de ma mère qui, tout enfant, me faisait prier sur ses genoux, encourir le mépris de toute ma race et encourir le tien même, car tu es homme loyal et tu n'aurais que du mépris pour un renégat ; ta fille, elle-même, rougirait d'un pareil époux. Adieu, cheikh ! dit avec amertume Mallet ; ton fils Sliman aurait pu m'éviter un pareil affront.

— Mon Dieu ! s'écria le vieillard en élevant sa main vers le ciel, tu es témoin que pour ramener cet infidèle dans le sentier du juste, j'ai fait ce que j'ai pu ; j'ai accompli mon devoir de croyant ! O Allah miséricordieux ! permets-moi maintenant de remplir mon devoir de père !

— Si Dieu nous sépare dans nos croyances, continua Ismaël en tendant la main au zouave, il nous réunit dans une commune affection.

— Que veux-tu dire ?

— Je veux dire, ô mon fils ! qu'il faut se soumettre à la volonté du Maître des mondes. Il ne t'a pas inspiré l'abjuration de l'erreur, et il a mis cependant dans ton cœur toutes les vertus de l'homme. J'ai combattu pour ma foi, Dieu m'a laissé vaincre ; la victoire des tiens a été l'expression de sa volonté, je me suis courbé ! Aujourd'hui, il envoie dans le cœur de ma fille l'amour d'un chrétien, je me courbe encore. Que sa volonté soit faite !

Mallet en écoutant le vieillard tremblait de tous ses membres. Aux dernières paroles du cheikh son émotion était au comble, et, en dépit de l'étiquette arabe, il se précipita au cou d'Ismaël et l'embrassa avec effusion.

— Mon fils ! dit le vieillard.

— Mon père ! répondit Mallet.

Et ils restèrent ainsi embrassés un instant ; Ismaël demandant à Dieu de bénir cette union, Mallet ébloui, éperdu, croyant rêver et ne se rendant nul compte des émotions diverses qu'il éprouvait. Cependant il reprit bientôt son calme.

— Seigneur, dit-il, maintenant que je suis sûr de mon bonheur, j'ai peur. Je sais qui tu es, tu ignores qui je suis.

— Tu es un Français, un cœur honnête, un bras solide, un homme enfin.

— Permets, dit le zouave, cela suffit-il ? Toi, tu es un grand seigneur, riche, connu dans la contrée, et ma conscience m'oblige à te dire qui je suis, avant qu'aucun lien sacré ne nous attache l'un à l'autre.

— Parle !

— Je suis fils d'un paysan, d'un laboureur de terre, d'un batteur de grains ; ce que vous appelez un simple *khemass*, un pauvre *fellah !*

— Comme Laban qui fut aimé de Dieu, dit le cheikh.

— J'ai été élevé aux champs, et c'est à peine si je sais lire et écrire.

— Moi, dit Ismaël, et mes ancêtres, nous sommes tous fils de pasteurs ; comme eux et comme toi, j'ai été élevé aux champs, seulement, je ne sais ni lire, ni écrire.

— Lorsque j'eus vingt ans, j'allai tirer au sort à Chinon, en même temps que le fils d'un bourgeois, que ma mère avait nourri. Il tira le premier numéro, je tirai le dernier; il partait, je restais. Mes parents étaient morts et sa mère pleurait. Il était riche, j'étais pauvre. Il regrettait tout, je n'avais rien à regretter. Nous échangeâmes nos numéros et je partis à sa place. Maintenant je suis soldat; dans six mois j'aurai mon congé et je ne serai rien.

— Tu seras l'époux de ma fille, dit Ismaël.

X

LE MARABOUT.

Le père Martin était installé depuis six mois à Amoura, et grâce aux bras vigoureux de ses enfants et au petit pécule qu'il avait apporté de France, en vendant les lopins de terre qui le faisaient vivre d'une façon insuffisante dans la mère patrie, ses terres étaient en partie ensemencées et les travaux d'aménagement commencés.

Tout en suivant les méthodes de culture de France, il n'avait point négligé les conseils des agriculteurs indigènes, disant avec raison que les hommes ne sont bêtes nulle part, et que l'expérience acquise par les gens du pays est toujours chose précieuse.

Le territoire de colonisation d'Amoura s'était peuplé peu à peu. Des colons de diverses contrées de France étaient venus, tour à tour, jeter les bases d'établissements futurs, et la vallée, jadis déserte, avait pris une physionomie active qui égayait le cœur et donnait du courage. Les habitations étaient bien un peu espacées, mais l'on dormait tranquille sous son toit, parce que l'on savait qu'à la moindre alerte, des compatriotes étaient là, prêts à porter secours et à faire bonne contenance. La mère Marianne, surtout, était heureuse des voisinages; l'isolement parmi les Arabes l'avait effrayée dans le commencement, et les assiduités d'Ali-ben-Kouider étaient pour beaucoup dans l'effroi qu'elle avait des indigènes.

Il est vrai qu'Antoine l'avait mis à la raison un jour, en le menaçant, mais cela n'avait en rien changé les allures du taleb.

La scène de la fontaine se renouvela, et Marguerite tout émue, dit tout à son ami.

Antoine s'était borné à recommander à sa fiancée d'éviter d'aller seule dans les champs, et surtout de s'y attarder. Mais après le conseil donné et la nuit venue, il avait pris son fusil, et, sous le prétexte d'aller faire le tour de la concession pour voir si quelque bétail égaré ne routait pas les champs de pommes de terre, il s'était dirigé vers la demeure du maître d'école.

Il approchait de l'habitation du taleb, lorsque le bruit confus d'une discussion arriva à lui. Antoine n'avait pas fait un congé en Algérie sans connaître les ruses des indigènes; il s'arrêta sur le bord du sentier qu'il suivait, retira ses chaussures, raccourcit la bretelle de son fusil et le brida sur ses épaules; puis il se mit à ramper en s'aplatisant sur le sol, courant à quatre pattes lorsqu'il était hors de vue, serrant la terre lorsque le mouvement du terrain le mettait en évidence. Il arriva ainsi jusqu'à portée de voix, appuya l'oreille sur le sol et abrité par une touffe de palmiers, il écouta :

— Mes frères, disait Ali à une douzaine d'Arabes accroupis autour de lui, Dieu est grand et Mahomet est son prophète! Par une grâce particulière, l'ange Gabriel m'apparaît chaque nuit et vient jeter une pierre dans mon sommeil. C'est toi que Dieu a choisi, dit-il, ô croyant tiède indigne de ce choix; mais la foi est tellement chancelante parmi les Musulmans que tu comptes parmi les bons. Lève-toi donc, et porte la parole de Dieu aux croyants et le désordre parmi les infidèles. Assure-toi des auxiliaires et aux heures du danger, Dieu t'enverra ses légions d'anges commandées par les archanges, et Asraël jettera dans la mort les ennemis de l'Islam.

— L'ange Gabriel t'a dit cela? demanda un Arabe.

— Il m'a parlé comme je vous parle. Puis il a ajouté : Cette mission divine, tu ne pourras l'accomplir que lorsque tu auras possédé une chrétienne, comme preuve de ta valeur et de premier avilissement imposé aux infidèles. Alors, mes frères, j'ai pensé à vous, et je me suis dit : C'est aux petits à devenir grands et non aux grands à devenir plus grands encore. Vous serez donc avec moi et les destinées vous appartiennent. Demain, dans la nuit, nous irons mettre le feu à la demeure du mécréant de la fontaine, et pendant le tumulte de l'incendie, vous conduirez la prédestinée où je vous ai dit. Allez, mes frères, et cette nuit même, je donnerai vos noms à l'ange Gabriel.

— Le voilà, l'ange Gabriel! s'écria Antoine en se

levant et en armant les deux coups de son fusil. Le premier qui bouge est mort! ajouta-t-il. Écartez-vous du taleb que je lui casse la tête, tas de gredins!

Les Arabes frappés de stupeur et s'éloignèrent du taleb.

— Le premier qui fait mine de fuir est mort!

Les Arabes s'arrêtèrent.

— Garrottez-moi le taleb.

Les Arabes obéirent.

— Portez-le dix pas devant moi jusque chez le caïd.

Les indigènes prirent à bras le confident de l'ange Gabriel et précédèrent docilement Antoine.

Le caïd fut éveillé par les aboiements des chiens. Son fils Aïssa, armé d'un bâton, se présenta en avant de la tente. Les serviteurs se levèrent à la hâte et vinrent se grouper autour du jeune maître.

— Si vous êtes des voyageurs attardés, cria de toute la force de ses poumons Aïssa, soyez les bienvenus; vsious êtes des promeneurs de nuit, passez au large : il y a des hommes ici.

— C'est moi, Antoine! cria l'ancien soldat, qui t'amène des coupeurs de route et des enfants du péché.

Le caïd s'était levé et les serviteurs avaient ranimé le foyer établi en plein air, en face de la tente, et avaient jeté dessus des branchages de jujubiers sauvages qui pétillerent bientôt, donnant une grande lumière qui éclaira l'arrivee des malfaiteurs. En deux mots, Antoine mit le caïd au courant de ce qui venait de se passer.

— Soyez tous maudits! s'écria le caïd, vous qui cherchez à porter le désordre dans le pays. Il n'y a dans la tribu que douze mauvais sujets, et vous voilà réunis!

— Seigneur! crièrent les Arabes tout d'une voix, par Sidi-Ali-Tamdjerett, le marabout vénéré, nous jurons que nous ne savions pour quel motif le taleb nous avait convoqués.

— Nous ignorions, nous étions venus l'âme candide.

— Croyant passer une soirée agréable aux récits du poëte.

— Et, d'ailleurs, nous n'eussions jamais accompli ses volontés.

— Moi, d'abord! cria un des conspirateurs, je me disais en moi-même : Parle toujours, taleb, avant que le coq ait chanté, le caïd saura tout.

— Taisez-vous, enfants de chiens! dit le caïd. Puis se tournant vers ses hommes : Conduisez ces coureurs de nuit dans le gourbi supérieur, et gardez-les; demain nous conduirons toute la bande au bureau arabe. Quant au taleb, nous veillerons nous-même sur lui.

Les Mekhazeni, — cavaliers attachés aux chefs indigènes pour maintenir l'ordre public, — groupèrent les fauteurs de désordre et les conduisirent dans le gourbi qui servait de prison.

— Tu peux aller te reposer, Antoine, dit le caïd. Sois ici demain à l'aurore pour venir avec nous à Médéah et y porter ton témoignage.

— Bonne nuit, dit Antoine. Et il reprit le chemin de la ferme. Pour ne pas inquiéter les braves colons, il expliqua son retard par une visite qu'il avait faite au caïd, avec lequel, ajouta-t-il, il était en marché pour des bœufs.

Lorsque le caïd fut seul avec son fils et les quelques serviteurs qui étaient restés, il s'approcha d'Ali.

Le jeune taleb, les pieds et les mains liés, était accroupi, la tête ensevelie sous le capuchon de son burnous.

— Misérable! lui dit le caïd, c'est ainsi que tu me récompenses des bontés que j'ai eues pour toi. Si ton crime se fût accompli, la contrée eût été peut-être envahie par les pantalons rouges, et toute la tribu eût souffert de ta folie.

— Je me suis trompé, l'heure marquée par Dieu n'est pas encore arrivée.

— Ne blasphème pas! Dieu n'a rien à voir dans ta criminelle passion, car tu voulais enlever la fille du chrétien.

— L'ange Gabriel m'avait indiqué cette action comme la première étape de la vengeance. Dieu a changé d'avis. Je me soumets à sa volonté.

— Tu persistes dans ta folie?

— Dans ma mission, dit Ali, car l'heure du châtiment approche pour tous.

Le caïd haussa les épaules et se dirigea vers sa tente, en disant à son fils :

— Aïssa, veille-le.

Aïssa était un vigoureux cavalier de vingt-cinq ans, très-aimé dans le pays. Il était secourable pour les pauvres gens et donneur de bons conseils dans les affaires de la vie. Aussi venait-on le consulter de loin et demander son appui, qu'il ne refusait jamais pour toute cause juste. Lorsqu'il fut seul avec le taleb :

— Dors, lui dit-il, le sommeil c'est l'oubli de la pinea.

— Je ne veux point dormir. J'attends la pensée d'Allah.

— Quitte, reprit Aïssa, ce rôle d'inspiré qui n'est pas

fait pour ta taille; sois humble et repens-toi. Dis simplement au chef du bureau arabe : Seigneur, j'ai eu une mauvaise pensée, je me suis laissé aveugler par la passion, je suis coupable et je me fie à ta générosité. Si vous me relâchez, j'abandonnerai le pays et j'irai porter mon souvenir douloureux vers des contrées lointaines. Si vous avez aimé, seigneur, prenez-moi en pitié, et vous n'entendrez plus parler de moi. Le chef du bureau arabe est un brave homme; il comprend les faiblesses humaines et peut-être sera-t-il généreux ?

— Moi, mentir! moi, le choisi de Dieu?

— Fou ! dit Aïssa; les hommes qu'Allah désigne ont d'autres vertus que toi et ne commencent pas leur mission par le viol et l'incendie. J'ai parlé; tais-toi et réfléchis.

Le silence s'établit un instant entre Aïssa et Ali. On n'entendait dans la nuit que le glapissement des chacals et le cri aigu des courlis.

— Seigneur Aïssa, dit tout à coup Ali, veux-tu accomplir une œuvre que Dieu permet ?

— Laquelle?

— Me délier, pour que je puisse m'écarter seul et pudiquement.

Aïssa se leva, relâcha les liens du prisonnier et lui dit :

— Marche! je te suis.

A quelque distance, le taleb s'accroupit et s'enveloppa de son burnous. L'obscurité était complète.

Avec quelque effort il atteignit la gaîne du petit couteau que tous les Arabes portent à la ceinture, en tira l'arme effilée et trancha les cordes qui lui liaient les pieds et les mains. Puis il se leva.

Mais Aïssa, malgré la nuit profonde, n'avait pas perdu un seul de ses mouvements, et à la façon dont Ali s'était relevé, il avait reconnu que les liens étaient coupés. Il saisit rapidement le burnous du prisonnier et cria :

— A moi ! mon père.

Mais à peine avait-il poussé ce cri, qu'Ali-ben-Kouider lui planta dans le cœur le petit couteau à lame renversée.

Aïssa poussa un cri, et le fanatique se perdit dans l'ombre.

Lorsque les gens de la tente accoururent, ils ne trouvèrent que le cadavre du fils du caïd, et des pentes de la vallée ils entendirent la voix du meurtrier qui leur criait :

— Je laisse la mort chez vous pour vous annoncer que les jours de la foi vont renaître !

XI

LE CRI DE RÉVOLTE

La population de la vallée d'Amoura avait été vivement émue par ce crime et les Arabes ne furent pas les seuls à exprimer leurs sympathies au caïd; les colons eux-mêmes vinrent remplir leurs devoirs de condoléance, et le général commandant la subdivision de Médéah, fit exprimer au chef indigène, par les officiers du bureau arabe, tout le chagrin que lui causait cet abominable événement.

Le deuil était dans tous les cœurs et la famille Martin, cause indirecte de ce malheur, était plus affectée que toute autre. Le brave colon ne savait comment manifester au caïd tous ses regrets, et Marianne et Marguerite allaient souvent pleurer avec la mère et les sœurs d'Aïssa.

Ce malheur affreux qui avait frappé la famille du caïd et qui semblait devoir éloigner les indigènes des Européens était, contrairement à toute prévision, devenu le lien douloureux qui devait unir les émigrants et les Arabes de la vallée. Le rapprochement avait eu lieu sur la tombe d'Aïssa, et chacun comprenait que le fanatique n'avait frappé son co-religionnaire que parce qu'il n'avait pu atteindre les colons.

Pendant ce temps-là, Ali-ben-Kouider avait gagné le sud, errant de tentes en tentes, vivant de l'hospitalité musulmane et prêchant la révolte partout. En Algérie, il ne faut pas se le dissimuler, une grande partie de la population, trompée par les ambitieux, ignorante de notre civilisation et de la mission que la France s'est imposée, ne voit encore en nous que des ennemis de la religion du Prophète, erreur dans laquelle elle est entretenue par la majorité des *tolba*, gens fanatiques et fort peu intelligents, qui n'ont pas su dégager du Coran la pensée sociale du législateur. C'est à cet état d'ignorance qu'il faut attribuer les insurrections partielles qui, de temps à autre, venaient naguère encore troubler la paix générale de l'Algérie.

Ali-ben-Kouider alla d'abord voir les mécontents de la contrée, et lorsqu'il se fut assuré leur concours, enhardi par le nombre de ses adeptes, il se présenta un vendredi, au marché du Djemâa des *Abid*, tribu limitrophe des Douairs. Il y avait là plus de trois mille indigènes, venus pour vendre et acheter, et aussi pour échanger les nouvelles du pays. La tente du caïd des Abid était dressée au milieu du marché et les Arabes affluaient à ses abords. C'étaient presque tous des plaignants qui venaient soumettre au chef arabe les différends qui les partageaient. Tout à coup, une grande rumeur se fit et les cris : Voilà le Marabout! partirent de tous côtés. Aussitôt la foule se précipita vers l'une des extrémités du marché, où Ali-ben-Kouider, entouré d'Arabes, prêchait la guerre sainte et l'extermination des Infidèles. Le taleb, la tête nue, le visage inspiré, le geste actif, faisait appel aux Musulmans pour lever l'étendard de la révolte. Rappelant aux Arabes les époques victorieuses de l'Islam, il leur annonçait l'heure marquée par Allah pour chasser les chretiens et le choix que Dieu avait fait de lui pour les conduire à la victoire. Cependant il était assez froidement accueilli et les indigènes écoutaient sans passion des paroles pleines de haine.

— C'est un fauteur de désordre! disaient les uns.

— Un troubleur de paix !

— Il est trop jeune pour avoir la parole de Dieu !

— L'inspiration illumine son visage ! disaient les autres.

— C'est un envoyé!

— Ecoutons-le !

Au premier tumulte, le caïd était monté à cheval, escorté de ses Mekhazeni et s'était porté sur le point du marché où pérorait le jeune marabout.

— Qui es-tu, toi qui prêches? demanda le chef arabe, fendant la foule et s'approchant d'Ali.

— Je suis celui auquel on ne dit pas : Qui es-tu ? car je porte le sceau du Seigneur, et malheur à ceux qui n'écoutent pas sa parole !

— Imposteur ! cria le caïd, laisse-nous vivre en paix et ne jette pas le trouble parmi nous.

— Je ne m'adresse qu'aux croyants. Que ceux qui

n'ont pas la foi se bouchent les oreilles et retournent chez eux parer leurs femmes pour que les chrétiens les trouvent jolies !

— Qu'on arrête cet homme ! cria le caïd à ses cavaliers et qu'on le conduise à ma tente.

Mais avant que les Mekhazeni aient eu le temps de mettre pied à terre, des Arabes avaient entraîné le jeune marabout et l'avaient soustrait aux atteintes des gens du caïd. Le tumulte était à son comble dans le marché et les partisans du fanatique profitèrent de ce moment de confusion pour le faire évader. Le caïd rentra sous sa tente, n'attachant pas grande importance à cet incident qui, à l'époque déjà reculée dont nous parlons, se produisait souvent sur les marchés de l'intérieur. Les indigènes reprirent leurs transactions un moment interrompues, et le *souk*, comme on dit en Algérie, s'acheva fort paisiblement.

Cependant le groupe d'Ali allait s'augmentant chaque jour. Il se recrutait de tous les mauvais sujets des tribus, coureurs de routes, bergers infidèles, gens sans aveu abandonnés des leurs et n'ayant d'autres ressources que de mener la vie d'aventures. Trop peu nombreux pour marcher en troupe, ils se dispersaient dans le pays, faisant de la propagande en faveur du marabout et se réunissaient à des époques fixées, sur les marchés que leur désignait Ali.

Les ordres avaient été donnés dans toutes les directions pour arrêter ce fou, et les caïds prévenus avaient mis leurs cavaliers en campagne.

Ali-ben-Kouider, après s'être assuré des partisans sur un territoire, disparaissait pour quelques jours mystérieusement. Cela ajoutait, aux yeux des siens, au prestige dont il cherchait à s'entourer. Mais le jeune marabout, au lieu de se retirer dans quelque lieu solitaire pour se recueillir, comme il convient à tout homme inspiré par Dieu et qui veut s'isoler des humains, voyageant la nuit, se cachant le jour dans les broussailles, venait chez les Rérib, et se réfugiait chez un de ses affidés, dont les gourbis à mi-côte dominaient la vallée d'Amoura. Là, il établissait pendant quelques jours son quartier général et donnait toute sa pensée à Marguerite. Aussitôt que la nuit tombait, il se dirigeait de maquis en maquis, vers la concession des Martin, et se glissait dans le bouquet de bois qui avoisinait la fontaine, pour voir la jeune fille pendant qu'elle vaquait aux soins de la ferme. Alors, accroupi derrière un fourré de ronces qui le dérobait complétement à la vue, Ali-ben-Kouider se livrait à toutes les joies de la contemplation et rêvait au jour de triomphe prochain. Ce n'était plus en rapineur qu'il voulait enlever Marguerite, c'était en conquérant. Il ne songeait plus à venir nuitamment mettre le feu à la ferme et profiter du désordre pour tenter cet enlèvement, c'était en plein jour, le visage découvert, monté sur un beau cheval et suivi de cohortes victorieuses, qu'il voulait se présenter à la fille du colon. C'était avec la parole généreuse qu'il voulait l'aborder et mettre à ses pieds sa puissance, son nom devenu grand. Ainsi allait le rêve.

Un soir qu'il allait franchir la prairie pour se rendre à son poste d'observation, il se rencontra au détour d'un sentier avec Jean, qui, le fusil en bandoulière et le bâton à la main, rassemblait ses bœufs et ses moutons pour les faire rentrer à la ferme. Le soleil était couché et ne projetait qu'une clarté douteuse; cependant l'enfant crut reconnaître le meurtrier d'Aïssa.

Ali, sans détourner la tête, passa, indifférent en apparence, devant le frère de Marguerite, et, changeant de direction, il suivit la berge du Chéliff au lieu de monter le coteau.

— Je me serai trompé, se dit Jean. Pourtant l'enfant se hâta de grouper ses bestiaux et de se diriger vers la ferme.

— Mère, dit Jean à Marianne, en arrivant à la ferme, je ne sais si mes yeux ont mal vu, mais il me semble bien avoir rencontré sur le sentier de la rivière, Ali, le maître d'école.

— Que le ciel nous préserve de sa présence! s'écria la brave femme.

— Je crois bien que c'est ce gars-là que j'ai vu, ma mère, car le cœur m'a battu bien fort. Si j'en avais été sûr, ajouta Jean, en accrochant son fusil au manteau de la cheminée, j'aurais joliment étrenné le fusil qu'Antoine m'a donné.

— Si tu as le moindre doute, dit le père Martin, nous allons prévenir le caïd, ma fine!

— Je ne suis pas méchante, dit la mère Martin, mais je voudrais bien que ce mauvais sujet-là fût pris et qu'il expiât son crime.

— Jean se sera trompé, fit Marguerite.

— Oh! que nenni! répondit l'enfant. J'ai éprouvé une trop rude émotion pour que ce ne soit pas lui et m'est avis, comme l'a dit le père, de prévenir le caïd Amar.

— Eh bien, mon fils, allons-y de suite. Il vaut mieux prendre une précaution inutile que de courir un danger, quelque petit qu'il soit.

— Vous accompagnerai-je, père ? dit Pierre.

— Non, garde la maison. Jean commence à parler l'arabe aussi bien que toi et il pourra bien expliquer ce qu'il sait au caïd.

Le père et le fils se mirent immédiatement en route et arrivèrent bientôt au douar du chef de la tribu. Jean lui raconta la rencontre qu'il croyait avoir faite et lui indiqua la direction dans laquelle Ali avait disparu.

— C'est bien, dit le caïd. S'il est sur notre territoire il sera pris dans la nuit, et aussitôt il donna l'ordre à ses gens de convoquer de suite les chefs des tentes les plus voisines, en les invitant à venir en armes.

— Nous allons le chasser comme une bête fauve, dit le caïd.

— Je veux être de la chasse, et mon frère aussi, répondit Jean.

— Tu en seras, mon ami, répartit le chef arabe.

— Ma fine ! pour attraper un gredin comme ça, je veux bien être de la partie, fit le père Martin.

— Gardez votre maison, dit Amar. Vous savez bien que c'est à votre fille qu'il en veut et s'il est réellement dans le pays, vous êtes les seuls qui soyez en danger.

Les Ouamri ne tardèrent pas à s'assembler en armes. Le caïd donna ses instructions.

— Si Ali-ben-Kouider se trouve dans le pays, comme le dit l'enfant, il est pris. Vous avez bien entendu, mes frères : vous n'avez qu'à tenir la ligne du Chelifi et à surveiller les sentiers. Moi je me charge de la battue. N'oubliez pas qu'il ne faut tirer sur lui qu'à la dernière extrémité, c'est-à-dire si vous voyez qu'il va vous échapper et s'il ne veut pas se rendre aux sommations.

Les Arabes descendirent la vallée, Pierre et Jean les accompagnaient.

La nuit était claire. Les étoiles scintillaient au ciel.

En arrivant au Chéliff, ils s'échelonnèrent au long de la berge. Le caïd et les hommes qui étaient restés avec lui gardaient la route de Médéah à Milianah et les sentiers qui viennent y aboutir. Aux premières lueurs de l'aube, ils devaient fouiller le coteau en se rabattant vers la rivière.

Chacun était donc à son poste, lorsqu'Ali qui avait passé une partie de la nuit à rêver à Marguerite auprès de la fontaine, jugea à propos de traverser le Chéliff pour aller se réfugier sur le territoire des R'erib. Il suivait à mi-côte le sentier qui traverse le bois d'oliviers, quand il fut accosté par un Arabe.

— Qui es-tu ? demanda-t-il.

— Je suis celui qui te connaît, ô Ali ! Je suis celui qui a ordre de t'arrêter et de tirer sur toi, si tu fais mine de fuir.

— Si ton cœur t'inspire la trahison, tire sur moi ; si ton âme a la foi, laisse passer son défenseur.

— T'aurais-je accosté si j'avais voulu te trahir ? Eh bien ! tu es traqué ! Le Chéliff est gardé ainsi que la route du haut, et au jour, ajouta l'Arabe, le coteau sera fouillé, maquis par maquis. Tu n'as nul refuge à espérer et je te conseille de me laisser te conduire au caïd...

— Tu es fou, dit Ali.

— Non ; mais pris pour pris, il vaut mieux que ce

soit un ami comme moi qui te conduise. Tu es sûr que je n'aurai aucun mauvais procédé! Je le répète, le berge est gardée et l'on tirera sur toi certainement.

— Que me fait la mort? dit le taleb. Puis se souvenant de son rôle d'inspiré, il reprit : Elle ne saurait m'atteindre, n'ai-je pas près de moi un ange d'Allah pour détourner les balles les mieux dirigées?

— Ainsi?

— Ainsi, je vais franchir la barrière des traîtres.

— Eh bien! un conseil : ne suis pas ce sentier, coupe à travers la prairie et franchis le Chéliff à la nage, au-dessous du gué. Comme cet endroit est à peu près impraticable on en a confié la garde à l'un des fils du chrétien, un enfant.

— Merci, Croyant! Allah te tiendra compte de cette bonne action.

— N'oublie pas mon nom, je m'appelle El-Statmi!

L'homme de garde reprit sa faction. en remerciant Dieu de lui avoir permis de faire un acte méritoire sans rien risquer.

Ali, suivant les conseils de l'Arabe, traversa la prairie et arriva bientôt à quelques pas de la berge. Il aperçut sur sa gauche le jeune Jean debout, son fusil entre les bras et l'oreille aux aguets.

L'aube commençait à teinter l'horizon d'une auréole blanchâtre.

Ali ôta son burnous et rampa vers la berge. Son corps découvert se détachait sur le terrain nu.

— Qui va là? cria Jean.

— L'envoyé de Dieu! répondit Ali en se levant e etn se précipitant dans le fleuve.

Au moment où l'audacieux marabout se levait,

jetant comme un défi ces mots : l'envoyé de Dieu ! l'enfant avait fait feu.

On avait entendu un cri, puis la chute d'un corps pans les eaux dn Chéliff.

Et le silence s'était rétabli.

XII

EN PLEIN CHAMP.

Un matin la famille Martin fut surprise par l'arrivée de Mallet. Le zouave avait le sac au dos, un bâton à la main et un beau cordon en laine verte, passé en écharpe sur sa poitrine, soutenait un étui en fer blanc, tout battant nf.ne

— Bonjour la compagnie! dit le soldat en ôtant sa chachia.

— Tiens! Mallet! Quelle surprise agréable, dit Marianne.

— On se porte bien, par ici?

— Comme vous voyez, mon ami, répondit le père Martin. Nous allions manger la soupe avant d'aller aux champs, à votre service.

— Ce n'est pas de refus, fit le zouave en déposant

son sac ; l'air est frais ce matin, et l'étape de Médéah ici, sans être longue, m'a ouvert l'appétit. Et mademoiselle Marguerite se porte bien ? ajouta-t-il, en se tournant vers la jeune fille qui apprêtait le couvert.

— Mais, merci, monsieur Mallet, comme vous voyez.

— Et les gars, marchent-ils ?

— Comme des zouaves ! dit Jean, en faisant dans sa pensée allusion au fameux coup de fusil qu'il avait tiré sur le taleb.

— Tais-toi, mon fils, dit Marianne. C'est une mauvaise histoire, et il n'y a pas à s'enorgueillir.

— D'autant plus, ajouta Pierre, que l'on ne sait ce qu'est devenu ce satané Arabe.

— Quelle est donc cette histoire? demanda Mallet.

— Je vais vous raconter ça, dit Pierre. Et en deux mots, il mit le zouave au courant des événements qui venaient de se passer.

— Diable! fit le soldat. Cela commence à devenir grave, et je crois qu'un homme de plus ne sera pas de trop à la ferme.

— Ne parlez donc plus de ce vilain homme. Rien que d'entendre prononcer son nom, mon sang se retourne, dit Marianne.

— N'ayez pas peur, madame Martin, le petit zouave sera là pour le recevoir la prochaine fois, si vous le voulez bien.

— Que voulez-vous dire, Mallet? dit le colon.

— Voici la chose : Je suis en congé renouvelable jusqu'à ma libération, qui arrivera avec la fin de l'année. Or, père Martin, il faut songer à l'avenir, et je viens vous demander si vous voulez me prendre comme garçon de ferme.

— Mais, ma fine, c'est pour plaisanter?

— Non. Aussi vrai que je vous le dis, il faut que je termine mon éducation agricole, et j'ai pensé que dans cette nouvelle carrière vous voudriez bien me servir de capitaine instructeur.

— Mais vous n'y songez pas, Mallet. C'est à peine si nous pouvons nous suffire nous-mêmes, et vous voudriez vous attacher à notre misère ?

— Oh! je m'entends, dit le zouave. Vous ne me gageriez pas; je serais en apprentissage chez vous, et je paierais ma nourriture.

— Mais, ma fine, dans le métier de paysan, il n'y a pas d'apprentissage, et lorsqu'on a, comme vous, bonne volonté, bonne santé et bons bras, on gagne sa vie tout de suite chez quelque gros fermier, qui est bien heureux d'avoir un gaillard solide.

— J'ai mon idée, père Martin. Voulez-vous de moi, oui ou non, pour compagnon de travail? J'ai touché mon décompte et ma masse, et je pourrai payer mes dépenses.

— Mais, mon garçon, je ne puis pas prendre ton travail pour rien.

— Ceci ne vous regarde pas, c'est mon affaire, et, au surplus, ajouta le zouave, je vais tout vous dire. Vous êtes des amis, n'est-ce pas?

— Oh! en douteriez-vous? dit Marianne.

— Non, la mère, reprit Mallet, et la preuve, c'est que je n'aurai pas de secrets pour vous. Antoine, mon vieux camarade de poudre, vous dira à la suite de quels événements je me suis trouvé lié avec une puissante famille arabe. Le cœur n'a pas de nationalité...

— Hélas! dit en soupirant Marianne.

— Pourquoi hélas ? demanda le zouave.

— La femme pense au taleb, répondit le père Martin, qui est amoureux de notre fille...

Marguerite rougit.

— Il ne faut point en être étonné, dit galamment le zouave. Je disais donc que le cœur n'a pas de nationalité, et que, les circonstances aidant, je me suis éveillé un matin amoureux d'une jeune fille arabe. Vous savez bien, père Martin, la sœur de Sliman...

— Un brave et digne garçon, Sliman.

— Donc nous nous aimons tous deux, et le père, un grand seigneur, comme qui dirait le marquis de la Bourdilière chez nous, a consenti à notre union. C'est pour moi un rêve de bonheur et un rêve de fortune. Seulement, je veux conquérir par le travail cette belle situation ; je veux apporter chez ces braves gens une science qu'ils ont perdue ; leur apprendre à tirer grand parti de leurs terres par les méthodes françaises ; et puisque je n'ai rien, que tout mon patrimoine est dans mon sac, je veux avoir à donner pour ma dot le travail et l'expérience, et augmenter leurs revenus, afin qu'on ne me jette jamais au visage que je suis un épouseur de fille riche.

— C'est bien pensé cela, mon ami, dit le père Martin.

— Aussi nous avons remis le mariage à un an. Mon frère de lait de Chinon m'enverra cent francs par mois jusqu'à ce que je sois marié ; c'est convenu. Ainsi donc, père Martin, vous allez me mettre à même de conquérir ma femme. Si cela va, eh bien ! topez-là, ajouta Mallet en tendant sa main.

— Eh bien ! topons, fit le colon. Vous êtes un brave et digne garçon qui avez du cœur.

— C'est dit, n'est-ce pas, père Martin?

— C'est dit.

— Alors j'embrasse la bourgeoise et mademoiselle Marguerite, si elle le permet? dit gaiement le zouave.

Au même instant, Antoine rentrait avec un troupeau de bœufs qu'il avait acheté la veille au marché du *Tlata* des R'erib.

En entrant, il alla embrasser Marianne et Margueritte, puis il serra la main à son frère d'armes, qui fut obligé de recommencer son histoire, et qui termina en indiquant la convention qu'il venait de faire avec le père Martin.

— Tant mieux, dit Antoine, nous ferons les deux noces ensemble. Nous nous sommes aussi ajournés à un an. Mon commerce va bien, et le père Martin commence à nettoyer sa concession.

— Ah! c'est que c'est long, ma fine, répondit le colon; c'est à peine si dans un an nous commencerons à récolter.

— Soyez tranquille, père Martin, je vous donnerai un bon coup de main. Vous me verrez à la besogne, et pour commencer, je vais ôter ma grande culotte et m'habiller en pékin, pour aller aux champs avec vous. Tout mon fourniment civil est là dans le ventre d'Azor, dit Mallet en prenant son sac.

Et le zouave passa dans la chambre des gars pour changer de costume.

Mallet s'habitua vite à cette existence active et rude des paysans. Du matin au soir, il était dans les champs, travaillant avec le père Martin et ne répugnant à aucune besogne. Chaque jour lui apportait un enseignement nouveau, et le zouave prenait goût à cette vie en plein air, saine et puissante. Tous les travaux de la ferme lui devinrent familiers, et il savait, au bout de quelques mois, aussi bien tracer un sillon, faire une fumure que soigner le bétail et cultiver les arbres. Le colon était fier de son élève.

Souvent le père Martin lui disait en travaillant :

— Voyez-vous, Mallet, nous autres, nous travaillons comme de pauvres gens sans ressources, obligés de tirer parti de tout; mais vous, lorsque vous serez marié, vous pourrez faire mieux et plus vite surtout. Moi, j'en ai encore pour trois ans avant d'avoir mis ma terre en état, et c'est long trois ans. Cependant je ne me décourage pas. Nous avons la santé, Dieu merci, et puis, c'est si bon de travailler sur sa terre. Tenez, Mallet, ajoutait le colon en s'appuyant sur sa bêche, vous ne vous imaginez pas combien l'on s'attache à la terre ; il n'y a pas un an que nous sommes arrivés ici, le cœur serré, vous souvenez-vous?

— Si je m'en souviens! La mère Martin faisait pitié à voir.

— Eh bien! aujourd'hui, pas plus elle que moi ne voudrions quitter le pays. Nous sommes chez nous et bien chez nous; tout ça nous appartient; nous créons notre patrimoine, et nous pourrons vivre mieux sans être à charge aux enfants.

— La terre est bonne en Afrique?

— Elle est riche, mais ça ne suffirait pas. Voyez-vous, Mallet, la terre est bonne partout, en France, comme en Algérie ; mais c'est comme sa ménagère, il ne faut pas la négliger. Avez-vous remarqué, lorsque nous travaillons, les Arabes qui nous regardent? Ils rient entre eux de la peine que nous nous donnons.

— C'est vrai, les braves gens ne sont pas si fûtés.

— Eh bien ! ma fine, vous vous trompez. Ce sont de vrais paysans, tout aussi malins que nous, mais plus ignorants, voilà tout. Lorsqu'ils nous ont vu planter nos pommes de terre, ont-ils ri de notre besogne ! Mais lorsque, pour un sac planté, ils nous ont vus en rentrer quarante, pleins à crever la toile, ne sont-ils pas venus nous en acheter pour en cultiver ? Et regardez aujourd'hui dans tous les champs qui nous entourent, chacun a son carré de pommes de terre. Et lorsque nous nous sommes servi de la herse et du rouleau, ne disaient ils pas que nous étions fous de peigner la terre et de la lisser comme une chevelure de femme ? Eh bien ! quand ils ont vu nos blés drus et serrés, ils sont venus nous emprunter rouleau et herse. Tout cela va bien pour nous, Mallet ; la contrée y gagnera, si les Arabes se mettent à produire autant que nous. Je désire cette concurrence au lieu de la redouter comme certains. Mon lopin vaudra gros, le jour où nos voisins les Arabes feront rendre à leurs terres tout ce qu'elles peuvent donner ; aussi mon intérêt bien entendu est de leur montrer le peu que je sais. Ce n'est pas du temps perdu, ça, pour nous autres colons.

— Vous raisonnez juste, père Martin.

— Dans mon intérêt et dans le leur.

Ainsi passait le temps à la ferme, et lorsque le soir toute la famille était réunie autour de la grande table de chêne, chacun racontait ses travaux de la journée.

Un soir, Mallet et Antoine fumaient leurs pipes sur le banc adossé à la ferme, lorsque le caïd Amar, suivi de ses Mekhazeni, mit pied à terre devant la maison du colon.

— Salut sur vous ! dit le chef indigène.

— Soyez les bienvenus, répondirent Antoine et Mallet.

— Antoine, dit le caïd en s'asseyant, il se passe des choses graves.

— Quoi?

— Une insurrection vient, dit-on, d'éclater, et le marabout, suivi de nombreux contingents, s'avance vers Le Tell.

— Diable! diable! fit Mallet, je vais être obligé de remettre ma grande culotte; on va me rappeler au corps.

— Quel est ce marabout?

— Tu ne devines pas?

— Non.

— C'est Ali-ben-Kouider.

— Ah, bah!

— Lui-même. Seulement il a changé de nom. Depuis que le petit Jean lui a envoyé sa balle dans le cou, il se fait appeler Bou-Ressassa, *l'homme à la balle*; c'est son nom de guerre.

— Eh bien! qu'en penses-tu?

— Je pense qu'il n'y a rien à craindre, attendu que les colonnes volantes de Boghar et de Teniet-el-Had sont à sa poursuite. J'ai voulu seulement vous prévenir, pour que vous vous tinssiez sur vos gardes. Il pourrait faire une pointe dans la vallée, et s'il tentait cette aventure, ce serait certainement dans le but de surprendre votre ferme.

— Je comprends, dit Antoine, dont le visage s'était rembruni. Je te remercie, caïd.

— D'ailleurs, nous serons là au premier coup de feu, soyez sans inquiétude. J'ai fait prévenir le bureau arabe, et j'ai expliqué pourquoi je redoutais un coup de main sur mon territoire.

Le caïd partit après avoir dit bonsoir à la famille Martin.

— Il ne faut rien dire aux femmes, dit Antoine à Mallet.

— C'est entendu, répondit le zouave, puis il ajouta en caressant sa barbe : Monsieur Ressassa peut bien venir, c'est petit Mallet qui le recevra, l'*homme à la balle!*

XIII

L'INSURRECTION

Au moment où il se précipitait dans le fleuve, Ali-ben-Kouider reçut une balle qui lui traversa le cou.

L'enfant avait tiré juste.

Arrivé sur l'autre rive du Chéliff, Ali avait pris une poignée de terre, l'avait imbibée d'eau et en avait enduit les deux ouvertures faites par la balle pour arrêter l'hémorrhagie, puis il avait rapidement gagné la tente de l'un de ses affidés. Là, il fut pansé. On appliqua sur la blessure un baume merveilleux pour cicatriser; baume que les indigènes composent avec la racine d'une ombellifère qu'ils appellent *Driass* et qui croît en abondance sur les bords du Chelif. Trois jours après, le taleb était en voie de guérison et prenait la route du sud.

Partout où il passait, il prêchait la révolte, annonçant que l'heure aux représailles était venue.

— Je suis bien l'envoyé de Dieu, regardez mon cou; Allah m'a marqué d'une balle française pour me reconnaître ; c'est le signe évident de ma mission et ceux qui me suivront seront comblés dans ce monde et dans l'autre de faveurs divines. C'est des *Sebaâ-Rouss*, la montagne aux sept pitons, que les cohortes victorieuses s'élanceront vers le nord, abritées par le drapeau vert du prophète, que l'ange Gabriel doit me remettre lui-même vendredi prochain. Vous avez entendu, mes frères, et vous savez où est la voie du salut.

Il arriva ainsi, prêchant sur son chemin, jusqu'en plein Sahara, sur le territoire de parcours des Oulad-Chaïb, puissante tribu nomade, aujourd'hui soumise et dévouée, jadis turbulente et toujours prête à lever l'étendard de la révolte.

Il alla immédiatement à la tente d'un nommé Khéda'a-ben-Menafeg, possesseur de nombreux troupeaux et l'un des compétiteurs de l'agha Djedid, chef de cette importante tribu qui compte sa richesse ambulante par plus de cinq cent mille moutons. Le soff (1) de Kheda'a-ben-Menafeg était fort et avait été plusieurs fois sur le point de saisir le pouvoir.

Ali-ben-Kouider, que nous n'appellerons plus à l'avenir que Bou-Ressassa, *l'homme à la balle,* prit à part Khéda'a et l'entraîna hors de l'enceinte du douar.

(1) On appelle *soff*, en Algérie, la réunion des partisans d'un personnage quelconque. Tous nos chefs indigènes ont leur soff, et ceux qui briguent l'honneur de les remplacer ont aussi le leur. Le mot soff est passé dans le langage administratif de l'Algérie.

— Tu as une parole à me dire? demanda l'Arabe.

— Une parole de sang, dit Bou-Ressassa, il me faut l'isolement pour te la dire, il te faut l'isolement pour l'entendre.

Et les deux Arabes s'éloignèrent des tentes et allèrent s'accroupir au milieu de la steppe contre une touffe de *halfa*. Ils avaient devant eux l'immensité et à perte de vue, dans toutes les directions, on aurait aperçu *l'indiscret le moins apparent*, comme disent les indigènes.

— Parle! dit Kheda'a.

— L'heure est venue, mon frère; l'ange Gabriel, par l'ordre d'Allah, doit m'apporter vendredi prochain le drapeau vert du prohhète qui...

— Tu ne parles pas devant le peuple ici, et je n'ai pas besoin d'être sermonné. L'ange Gabriel a déjà déposé le drapeau vert dans ta besace et...

— Ainsi, tu ne crois pas à ma mission?

— Oui et non; mais parlons en hommes: Tu as une haine au cœur et une ambition dans la tête.

— Et toi, dit Bou-Ressassa, tu veux te servir de la parole de Dieu pour assouvir tes haines et devenir puissant, et tu crois qu'un envoyé de Dieu sera ton complice. Oh! non...

— Trève de momeries! sers-moi et je te servirai. Sois le verbe, je serai la direction et la lutte. Parle, excite, entraîne, je suis l'homme de poudre et dans les combats les balles n'arriveront jamais jusqu'à toi. Vendredi donc, mon soff en armes se rassemblera au pied du Sebaa-Rouss.

— Au sommet.

— Non, dit Kheda'a, en plaine. L'ascension fatiguerait inutilement les chevaux et si nous étions attaqués en montagne, le désavantage serait pour nous. Ainsi donc tu prêcheras au pied du Sebaa-Rouss, à côté de la citerne de Guelt-Esteul, pour que les chevaux puissent s'abreuver avant de fournir la première course.

— Soit, dit le marabont, cependant la tradition veut qu'Allah n'entre en communication avec son serviteur que sur les plus hauts sommets.

— Ne blasphème pas le nom de Dieu, dit Kheda'a; je suis bon musulman et je crois, mais Allah n'a rien à faire dans notre tentative; s'il trouve notre cause méritoire il nous protégera.

— Ainsi c'est dit. Prends route vers Guelt-Esteul, et vendredi, les miens et moi serons au rendez-vous, ajouta Kheda'a-ben-Menafeg.

— Tu me renvoies? demanda Bou-Ressassa.

— Oui. Ta présence éveillerait les soupçons.

Les deux Arabes se levèrent.

— Un mot encore: Dans quel état as-tu laissé le Tell?

— Nous y avons des partisans partout et si la victoire nous suit, tous les musulmans seront avec nous.

— Que Dieu t'accompagne !

— Que la paix soit sur toi !

— Maintenant je suis fort, se disait Ali en prenant la route du sud, tandis que Kheda'a rejoignait son campement, je m'appelle Bou-Resssosa et j'ai pour auxiliaire le plus fier guerrier du Sahara. Dans huit jours, mon nom jettera la terreur dans tout le pays; dans huit jours, avec dix mille cavaliers, je franchirai le Tell et je sèmerai la mort parmi les chrétiens et leurs alliés. O mon Dieu ! vous qui voyez mon cœur, vous savez qu'il est plein d'amour pour vous et pour votre créature ! Marguerite, tu trembleras à mon approche, mais lorsque tu seras en ma possession et que je te dirai tout mon amour, toute ma souffrance, ton âme s'ouvrira et exhalera la joie divine. Oh ! mon Dieu ! faites triompher la foi et inspirez votre serviteur.

Le taleb marchait, s'exaltant ainsi. Par moments la fièvre s'emparait de lui et son cerveau surexcité créait des visions surnaturelles. A la nuit, il arriva au pied du Sebaa-Rouss ; il fit ses prières, puis il tira de sa bourse une poignée de *rouïna* — farine grillée — l'humecta d'eau, en forma une pâte et mangea. Ce repas sobre qui suffit à tous les Sahariens en voyage, apaisa sa faim et, la nuit venue, il se coucha au fond d'un ravin, le nom de Dieu sur les lèvres, celui de Marguerite dans le cœur.

Au jour dit, de tous les points de l'horizon on vit arriver des groupes de cavaliers armés, qui vinrent mettre pied à terre près de la citerne de Guelt-Esteul.

Bou-Ressassa, enveloppé de son burnous était assis, son long bâton de voyage à côté de lui, sur un tertre dominant le plateau sur lequel se groupaient les arrivants. Un à un, ils vinrent baiser la main du marabout. L'*homme à la balle,* impassible, acceptait ces hommages sans interrompre la prière qu'il égrenait sur son chapelet.

Les Arabes, silencieux, entouraient l'homme de Dieu.

A midi, l'heure fatidique, le marabout se leva :

— Mes frères ! dit-il, voici l'instant suprême où la protection d'Allah doit se manifester d'une façon évidente pour convaincre les plus incrédules. C'est nous qui avons la mission glorieuse de relever le drapeau de la foi. Malheur à ceux qui marcheront contre nous, Azraël, l'ange infernal, les poursuivra au delà de la mort. Recueillons-nous, mes frères, tournons la face vers la Mecque et demandons à Dieu le miracle.

Les Arabes se prosternèrent vers l'Orient.

Bou-Bessossa, suivant le rite, fit les génuflexions prescrites, et tandis que tous les Arabes étaient prosternés, le front contre le sol, il attacha rapidement à son long bâton de voyage le drapeau de soie verte caché sous son burnous.

Kheda'a-ben Menafeg n'avait pas perdu un seul des mouvements du taleb.

Soudain celui-ci se releva en agitant l'étendard du prophète et en psalmodiant de sa voix sonore la profession de foi musulmane.

La iah ila Allah, ou Mouh'amed raçoul allah.

Il n'y a de Dieu que Dieu et Mahomet est l'envoyé de Dieu. Les Arabes l'accompagnèrent dans un chœur immense.

— C'est bien le miracle ! s'écrièrent-ils.

— Il est inspiré !

— C'est le Moul-el-Sâa, annoncé par les prophètes !

— Le monde est à lui !

— Poils, chair, os et sang, nous t'appartenons !

Kheda'a eut toutes les peines à calmer le tumulte enthousiaste.

Il se pencha vers Bou-Ressassa, comme pour lui embrasser la tête, et lui dit tout bas :

— Imbécile ! tu as manqué de tout perdre.

— Comment ?

— Donne-moi ton drapeau que je l'attache à une

hampe. N'ai-je pas reconnu ton bâton trop noueux pour que l'ange Gabriel s'en serve dans le ciel.

Bou-Ressassa passa à Kheda'a l'étendard dont les longs plis cachaient le bâton, et se tournant vers les cavaliers, il s'écria :

— A cheval, mes frères ! à cheval ! A la conquête du monde ! Je confie l'étendard descendu du ciel au plus brave d'entre vous, à Kheda'a-ben-Menafeg, des Oulad-Chaïb. A cheval, Dieu est avec nous !

XIV

LES PREMIERS COUPS DE FEU.

Les insurgés, formant au départ un effectif d'environ deux cents chevaux, arrivèrent à la tombée de la nuit à Aïn-Oussera et prirent possession des sources qui font de ce point une des positions importantes du Sahara. Aïn-Oussera est une étape marquée par la nature aux voyageurs qui traversent la steppe de Boghar à Laghouat, et les tribus des Rahmann et des Oulad-Chaïb sont obligées d'y venir abreuver leurs troupeaux.

A la pointe du jour, les bergers de ces deux tribus se présentèrent aux sources, mais les partisans du marabout leur en interdirent l'accès.

Kheda'a leur dit :

— Allez prévenir vos maîtres et dites-leur que leurs moutons ont soif et qu'ils ne boiront que lorsqu'ils seront venus nous parler.

Une heure après, des groupes de cavaliers venant de tous les points de l'horizon, arrivérent au galop de leurs chevaux. L'émoi était grand parmi les possesseurs de bestiaux, car supprimer une source dans le Sahara est une chose grave.

— Qui êtes-vous et que nous voulez-vous? dirent les Arabes en arrivant.

— Nous sommes la phalange vengeresse, leur répondit Bou-Ressassa, et nous venons vers vous l'âme ouverte, au nom d'Allah, vous demander votre sang pour faire triompher la cause de l'Islam.

— Dieu vous a-t-il donc commandé de commencer à recruter les musulmans en leur faisant du mal? dit un cavalier des Oulad-Chaïb, et de quel droit empêchez-vous nos troupeaux de s'abreuver aux sources créées par Allah?

— Nous sommes gens de poudre, dit un homme des Rahmann, et nous ne nous laisserons pas intimider.

— Ames tièdes! cœurs affaiblis! Ne voyez-vous pas qui je suis et la grâce ne vous touche-t-elle pas? Je porte avec moi la mort et la vie, la bènédiction et la malédiction d'Allah; aux justes à me reconnaître, aux mécréants à me combattre. Demandez au peuple qui me suit, il vous répondra.

Aussitôt une immense clameur partit des rangs des partisans de l'illuminé:

— C'est un prophète! nous le jurons! criaient-ils.

— Devant nous l'ange Gabriel lui a remis l'étendard de l'Islam!

— Suivez-nous, la victoire est pendue aux crins de nos chevaux!

— Nous sommes des amis, et si nous avons empêchè

vos moutons de boire, c'était pour vous faire venir et parler à des hommes et non à des bergers.

Tandis que les insurgés faisaient de la propagande à grands cris, Bou-Ressassa, impassible, égrenait son chapelet et restait calme au milieu du tumulte.

Cependant l'agitation augmentait parmi les groupes. Les uns étaient d'avis de suivre le marabout et sa fortune; les autres plus sages, ne voulaient pas se laisser entraîner et protestaient énergiquement. Les familles les plus unies se divisaient et les vieilles haines de fractions à fractions de tribu se réveillaient. Les hommes les plus considérables, les chefs de grandes tentes, allaient à tour de rôle causer avec Bou-Ressassa. Celui-ci entraînait par son éloquence et ses promesses tous ceux qui l'approchaient. Flattant les passions de chacun, il éveillait toutes les ambitions; aux uns, il promettait le pouvoir, aux autres la fortune, à tous les joies du paradis.

Les Arabes commençaient à être ébranlés, lorsque l'agha des Oulad-Chaïb, suivi d'un goum nombreux, se présenta à la source.

Le chef indigène était un vigoureux vieillard à barbe blanche. Il montait un magnifique cheval, qu'il maniait avec une grande adresse. Bondissant à travers les groupes, il arriva, escorté de ses cavaliers, droit sur le marabout, auprès duquel se tenait Kheda'a-ben-Menafeg.

— De quel droit viens-tu sur cette source?

Bou-Ressassa se dressa et dit avec un geste majestueux :

— Descends!

— Qui donc es-tu pour me parler ainsi? Je n'ai

jamais mis pied à terre que devant mon père et l'émir Abd-el-Kader.

— Descends ! te dis-je, car en vérité, je suis l'envoyé de Dieu. Ton père se serait courbé devant moi, et quant à l'émir, sa foi a chancelé.

— Par ma barbe blanchie au milieu des combats, tu es un imposteur ! L'émir Abd-el-Kader, l'homme sage, le grand lutteur, vient de se soumettre aux décrets divins en se rendant aux Français et en déclarant que l'ennemi suscité par Allah était généreux et bon, et qu'il fallait se courber devant la manifestation de la protection que lui accorde Dieu, ton maître et le mien.

— O croyants ! s'écria le marabout, Satan habite le corps de cet homme qui fut un juste ; l'esprit du Seigneur l'a abandonné. Ne cherchons pas à discuter avec l'esprit du mal et que la mort l'atteigne. Je vous le livre !

Pas un Arabe ne bougea.

L'agha craignit un instant d'être surpris. Il enleva lestement son cheval, et, le lançant à toute bride au galop, il cria :

— A moi ! mes enfants !

Il y eut alors une mêlée difficile à décrire. Les partisans du marabout coururent à leurs chevaux pour serrer les sangles, et le soff de l'agha alla se grouper autour du chef indigène, qui s'était arrêté à trois cents mètres de la source.

Faut-il le dire ? Les défections furent nombreuses parmi les hommes des Oulad-Chaïb et des Rahmann, et lorsque l'agha compta ses cavaliers, il s'aperçut qu'il lui restait à peine soixante fusils.

Cependant il n'était pas homme à reculer.

— Chargez vos fusils, mes enfants ! dit-il, et chassons ces fauteurs de désordre qui veulent jeter le trouble parmi nous et s'emparer de nos biens.

Pendant ce temps-là, Kheda'á organisait la défense et Bou-Ressassa excitait par sa parole les nouveaux défenseurs de la foi.

Tout à coup, le goum de l'agha s'ébranla et fournissant une carrière, vint décharger ses fusils, à la distance de cinquante pas, sur les insurgés. Ceux-ci ripostèrent vivement et se mirènt à la poursuite du goum, qui avait tourné bride en rechargeant ses armes.

Alors commença la guerre arabe. Des deux côtés, chaque cavalier combattait isolément, prenant l'offensive aussitôt que son arme était chargée, fuyant, le coup de feu parti, pour revenir plus rapide et recommencer cette manœuvre jusqu'à l'issue du combat.

Les morts et les blessés étaient nombreux de part et d'autre; mais le contingent du marabout, beaucoup plus fort, ne tarda pas à mettre en déroute le goum du chef indigène.

Les cris de victoire des insurgés éclatèrent, et Bou-Ressassa profita de ce premier succès pour surexciter le fanatisme de ses partisans et leur prouver que Dieu était avec eux.

Les Arabes ne connaissent pas la télégraphie, cependant les nouvelles se transmettent, d'une extrémité de l'Algérie à l'autre, avec une rapidité qui ne le cède en rien aux moyens de transmission que nous possédons. La vaste contrée algérienne, quoique relativement peu peuplée, est habitée sous toutes ses zones. Le Sahara même, avec ses steppes à perte de vue, n'est pas désert et une population nomade de pasteurs en occupe tous les points.

Lorsqu'un fait important se produit, transmis de voix en voix, il fait le tour de l'Algérie avec la rapidité de l'électricité.

Après la victoire du marabout, les bergers jetèrent à travers l'espace la nouvelle du triomphe.

Le premier qui la lança cria, de toutes les forces de sa voix, la formule traditionnelle suivante :

> Ya el moumenn,
> h'oll el oudenn !
> (O musulman,
> ouvre l'oreille !)

D'intervalle à intervalle, il criait cette phrase sacramentelle, jusqu'à ce qu'une voix inconnue lui répondît :

> Ha ! na !
> (Nous y sommes !)

« L'insurrection vient d'éclater à Aïn-Oussera ! Le marabout est triomphant ! »

Et le passe-parole, comme disent les Arabes, ainsi lancé, faisait le tour de l'Algérie.

Celui qui le reçoit doit le transmettre, dût-il se déranger et faire longue route pour trouver un transmetteur.

La nuit tombait, lorsque la nouvelle arriva au douar du cheikh Ismaël, chez les Douairs.

Le vieil Arabe réunit ses enfants et ses serviteurs :

— La poudre parle dans le Sud, dit-il ; à chacun sa besogne. A toi, Sliman, mon fils aîné, la garde de la famille; tu vas aller camper dans le Tell, sur le territoire qui te semblera le plus à l'abri; à toi, Ali, à sauvegarder les troupeaux en allant pacager sous la protection de Boghar: et quant à vous, mes fils, sellez vos chevaux, garnissez vos cartouchières, marchons de suite nous rallier aux Français, qui nous protégent, et allons leur offrir notre concours.

Une heure après, le campement du cheikh Ismaël était levé, et, par la nuit sombre, les longues caravanes défilaient à travers le Sahara silencieux.

XV

LA BROUSSAILLE QUI MARCHE.

La mère Marianne taillait la soupe lorsque l'un des fils du caïd Abd-el-Kader, monté à poil sur un poulain sans bride, arriva à la Martinière, comme l'on appelait la ferme des Tourangeaux,

Le jeune Arabe, armé d'une baguette d'arbousier qui lui servait en même temps de cravache, d'éperons et de bride, sauta à bas de sa monture qui s'était arrêtée sous une pression de jambes.

— Baba Martin n'est pas là? demanda-t-il en baragouinant.

— Non, Habib, répondit la bonne femme.

— Et Antoine?

— Il est au marché.

— Et Mallet?

— Il est aux champs avec les enfants.

— Ah! fit le fils du caïd, et Marguerite?

— Ma fille? Elle lessive au Chéliff. Que veux-tu?

— Moi, vouloir parler aux hommes?

La mère Martin posa son grand couteau de cuisine et sa miche et s'avança vers Habib.

— Mon doux Jésus, s'écria-elle, est-ce qu'il y aurait du malheur?

— Pas peur, mama, pas peur, dit le fils du caïd en montrant ses belles dents blanches dans un sourire rassurant, moi parler aux hommes pour affaires, pas peur, mama, pas peur!

Habib siffla et le poulain, qui broutait sur le bord du sentier, arriva les crins aux vents. D'un bond l'Arabe enfourcha la monture docile, et, saluant la fermière, il se dirigea vers la partie de la concession sur laquelle les colons travaillaient.

— Quoi de neuf? s'écria Mallet en l'apercevant.

— Mon père m'envoie te dire que la poudre a parlé dans le Sud et que vous vous teniez sur vos gardes.

Mallet posa sa bêche et s'approcha de Habib.

— Ah! ah! fit-il en caressant sa barbe, et que s'est-il passé?

— La colonne de Boghar a rencontré les insurgés sur les bords du Nahar-Ouassel et les a mis en déroute.

— Je parie qu'il y avait là au moins une compagnie du 1er zouaves?

— Je n'en sais rien, répondit l'enfant; mais mon père m'a recommandé de vous prévenir que Bou-Ressassa a pu s'échapper, et qu'il est probable qu'il est venu se réfugier, comme de coutume, dans notre contrée.

— S'il vient, on le recevra aux petits oignons, dit

Mallet. Remercie le caïd et dis-lui qu'il ne se préoccupe pas de nous; Dieu merci, il y a des hommes ici.

Avant de rentrer à la ferme, le zouave alla dans le maquis et, avec sa serpette, coupa une grosse brassée de broussailles.

— Quand on veut aller dans le monde, se dit-il, il faut bien préparer son costume. Quel joli vis-à-vis je voudrais faire à ce gaillard-là.

Comme l'avait dit la mère Martin à Habib, Marguerite était allée passer à l'eau sa lessive sur les bords du Cheliff; ses frères travaillaient à peu de distance d'elle, dans la prairie. La jeune fille s'était placée au milieu d'une touffe de lauriers-roses pour se mettre à l'abri des rayons du soleil, et là, bravement elle faisait son ouvrage lorsque son attention fut attirée par le craquement de la broussaille.

Elle se tourna et se trouva face à face avec Ali.

Elle ne put retenir un cri d'effroi.

— Silence, au nom de Dieu, dit le Marabout en tendant ses bras suppliants vers Marguerite. Je ne veux te dire qu'une parole.

— Que veux-tu ? lui demanda la jeune tourangelle qui commençait à se faire comprendre en arabe; et ce disant, elle se leva en tenant dans sa main robuste son battoir de chêne.

— Je veux te dire que je t'aime et qu'il vaut mieux pour nous deux, pour tous, que tu m'accueilles comme un ami que de me repousser comme un chien. Tiens ! j'ai de l'argent, ajouta Ali en faisant résonner sa bourse de cuir pleine de douros.

A ces derniers mots, Marguerite, qui avait écouté jusqu'alors Ali avait plus de compassion que de colère, leva son bras menaçant, et d'un geste impérieux lui fit signe de s'éloigner.

— Va t'en ou j'appelle mes frères! dit-elle.

— Tu veux ma mort?

— Et que m'importe, malheureux! Si je voulais ta mort, je n'aurais qu'à appeler.

— Regarde, moi qui suis un homme choisi de Dieu, je m'humilie à tes pieds, ô femme blanche! Vois-tu mon amour combien il est grand! Quel est celui qui ramperait ainsi devant une femme?

Marguerite, émue, restait immobile comme une statue.

Que se passait-il dans l'âme de la jeune fille? — L'éternel mystère.

Franche, bonne, loyale, elle avait promis sa main à Antoine, et elle lui avait donné son cœur; Marguerite n'avait rêvé avec lui que les joies paisibles du foyer et jamais son imagination n'était allée au delà de la vie calme de la famille. Elle aimait Antoine de cet amour de l'épouse respectée, exempt de toute passion romanesque, et lorsque le soir, après le travail, Antoine la courtisait devant toute la famille, c'était honnêtement qu'elle pensait à son union future.

La passion d'Ali l'avait d'abord effrayée comme nous l'avons vu; puis petit à petit, son esprit s'était habitué à cet amour de l'Arabe; elle ne pouvait s'empêcher de ressentir une certaine sympathie pour cet adorateur extravagant qui ne reculait devant aucun danger pour arriver jusqu'à elle.

Certes, c'était Antoine qu'elle aimait, chaque battement de son cœur le lui disait; cependant, parfois songeuse, elle pensait à Ali. Pourquoi? Elle n'en savait rien elle-même; elle n'aurait pas su analyser le sentiment que lui inspirait le marabout; mais, tandis que tous les membres de sa famille avaient l'indigène en haine, elle éprouvait pour lui une pitié bienveillante, secrètement elle ne pouvait se défendre d'admirer cet Arabe qui, pour elle, soulevait le pays et bravait la mort à chaque instant.

— Comme il m'aime! disait-elle parfois, et toutes ses secrètes pensées étaient contenues dans cette exclamation. Ce n'était pas de l'amour qu'elle avait pour Ali, c'était une grande compassion.

— Relève-toi, dit-elle à Bou-Ressassa qui restait prosterné à ses pieds.

— Je veux mourir là ! dit l'Arabe.

— Va t'en ou j'appelle !

— Appelle si tu veux; que me fait la mort, la mort c'est l'oubli. O femme blanche! aime-moi si tu adores un Dieu; il n'envoie pas un amour comme le mien sans le bénir. Pourquoi t'aimerais-je ainsi si Allah ne le voulait pas? C'est écrit, il faut que tu m'appartiennes et nulle puissance humaine ne saura changer ta destinée; si ce n'est aujourd'hui, ce sera demain, et si la mort me surprend avant l'accomplissement, ce sera là-haut, ajouta-t-il en montrant le ciel, que nous serons unis: tu feras partie de la phalange des houris! Allah n'a jamais trompé un croyant.

— Il est fou! dit Marguerite, et ramassant son linge, elle céda la place au fanatique.

Resté seul, Ali se prosterna vers l'orient.

— O Seigneur, dit-il mentalement, soutiens ta créature pour qu'elle accomplisse les actes que ta volonté suprême a inspirés !

En rentrant à la ferme, Marguerite était toute soucieuse; indécise, elle ne savait si elle devait prévenir son père de la présence d'Ali dans le pays, ou bien garder pour elle seule le secret. Elle n'avait pas peur pour elle — ne savait-elle pas qu'Ali l'aimait; — mais elle redoutait pour les siens quelque entreprise audacieuse du marabout. Elle hésitait encore lorsqu'à la fin du repas Mallet, s'adressant à Antoine, lui dit:

— Il ne s'agit pas de s'endormir cette nuit sur les deux oreilles.

— Qu'y a-t-il?

— Il y a que Bou-Ressassa, battu par la colonne volante de Boghar, s'est réfugié dans le Tell et qu'à l'heure qu'il est il rôde dans quelque ravin près d'ici.

Marguerite, tout émue, s'écria:

— Vous savez?...

La pauvre fille sentit aussitôt qu'elle s'était trahie.

— C'est que je l'ai rencontré, ajouta-t-elle en rougissant, je n'osais vous le dire.

— Pourquoi? fit Antoine avec douceur.

— Vous le savez bien, mon ami, ne dit-on pas que cet Arabe m'aime, et ne sais-je pas combien vous souffrez de ses poursuites?

— Il faut en finir avec ce mauvais gars, dit le zouave Mallet, et une bonne fois pour toutes, je m'en charge.

— Il n'y a rien à craindre, répartit Antoine en ne disant pas un mot de ce qu'il pensait pour tranquilliser Marianne, qui dès le début de la conversation avait fait le signe de la croix, pour invoquer la protection divine. Nous avons de bons chiens, et s'il vient un rôdeur, nous serons prévenus à temps.

— De bons chiens! fit en haussant les épaules le

zouave; de bons chiens! Les Arabes s'en moquent comme d'une guigne! Ils auraient mis le feu à la barraque avant que le plus brave ait donné un coup de gueule.

— Eh bien! qu'ils viennent se frotter à Tabareau, fit le père Martin, et tu verras quelle musique!

— Musique! musique! Je sais ce que je dis, père Martin, le chien le meilleur, le plus beau, le plus ardent, n'aboie pas à l'homme nu, et un Arabe serait dans la maison dans le costume du père Adam que pas un de vos chiens n'aurait donné l'éveil.

— Bonté du ciel! exclama Marianne.

— C'est vrai, répondit l'ancien soldat du 60e; c'est ainsi qu'ils se déguisent pour s'approcher des demeures gardées par les chiens. C'est connu de tous les jeunes gens, qui se servent de cette ruse pour aller aux rendez-vous d'amour.

— Comment! aux rendez-vous d'amour? dit Pierre.

— Certainement, fit Mallet, suppose une supposition: tu as fait ta cour à la fontaine ou sur la grand'route à une bédouine; elle t'a fait de l'œil pour te dire que tu es un joli garçon...

— Mallet! Mallet! exclama la mère Martin, la fille est là et le garçon n'a pas besoin de connaître ces choses.

— Faites excuse la mère, reprit Mallet, un garçon doit tout savoir et la fille aussi pour se tenir sur ses gardes; le moyen a besoin d'être connu; lorsqu'on le sait, on peut en tirer profit aussi bien pour la défense que pour l'attaque. Pour lors, je continue, avec la permission de ces dames...

— C'est drôle, tout de même, toutes ces maniganceries-là, fit le père Martin, va toujours mon garçon, va!

Mallet poursuivit en s'adressant à Pierre :

— Tu vois ça d'ici : la moricotte t'adore, et toi aussi; mais c'est pas tout, il faut se voir. Or, tu sais, mon petit, que les Musulmanes ne vont pas danser dans les assemblées comme chez nous, et qu'elles sont gardées sous la tente par des hommes et par des chiens ; les chiens aboient et les hommes sautent sur leurs fusils. C'est alors que, rendez-vous pris, on s'habille en pêcheur de perle ; on rampe nu jusqu'auprès de la tente où se trouve la dulcinée qui attend ; les chiens ont une telle terreur de l'homme nu qu'ils font mine de ne pas voir, et... le tour est fait : ni vu, ni connu, je t'embrouille!

— Mazette! quels gaillards! fit le père Martin ; mais si le père, le frère ou le mari se réveillent, car c'est la nuit que ça se passe?

— La nuit, je crois bien! Ah! dame, alors, c'est comme chez nous, à la grâce de Dieu! Aussi ne s'embarque-t-on jamais sans biscuit et les braves emportent un petit poignard entre les dents, pour pouvoir se défendre.

— Mais c'est affreux! s'écria la mère Martin ; vous apprenez de jolies choses aux enfants.

— Il faut tout savoir dans la vie.

— C'est égal, Pierre, je te défends de t'habiller en pêcheur de perle!

— Oui, maman! répondit le jeune homme.

— Jusqu'à la première occasion, n'est-ce pas, mon gars, fit le zouave, ça n'est pas tombé dans l'oreille d'un sourd.

— Mais ce n'est pas tout ça, reprit Mallet, il s'agit d'aller monter sa faction.

— Vous croyez que c'est nécessaire? demanda le père Martin.

— Ce gueux d'Ali est dans le pays et cela suffit pour que l'on se tienne sur ses gardes.

— Eh! bien, alors, on se relèvera.

— Pour cette nuit, c'est pas la peine, je ferai la police tout seul, j'ai mon idée. Je vais m'apprêter.

Mallet sortit accompagné d'Antoine.

Suivant les conseils du zouave, la ferme avait été construite sur un terrain découvert; il n'y avait autour ni arbres ni massifs pour ne laisser aucun abri aux malfaiteurs.

Une demi-heure après la sortie de Mallet, Antoine revint.

— Dites donc, les autres, venez donc voir: qui est-ce qui a donc planté ce massif d'arbousiers au milieu du carré de salade?

— Mais je n'ai pas vu ça, fit Marianne.

— Ni moi, dit le père Martin.

— Qu'est-ce que c'est? demanda Pierre. Attendez, je vais aller voir.

— N'avance pas, malheureux, on dirait que la broussaille marche.

— C'est vrai tout de même, dit le père Martin, la voilà qui semble venir vers nous.

La broussaille se mit à courir.

Marguerite et Marianne. poussèrent un cri d'effroi.

— N'ayez pas peur! s'écria le zouave, c'est moi qui me suis habillé en broussaille pour pouvoir dépister les pêcheurs de perles, s'il y en a dans les environs. Allez dormir tranquilles, seulement si vous entendez un coup de feu, accourez à mon aide.

Comme nous venons de le dire, Mallet s'était habillé en broussailles. Le lecteur devine quel est ce costume; il ne coûte pas cher: des branches d'arbustes feuillus sont attachées à la ceinture au moyen d'une corde et l'homme marche ainsi accroupi, se confondant avec le sol à travers les maquis. Cette ruse a été trop souvent employée par les Arabes pour s'approcher des sentinelles et les assassiner à coups de couteau sans donner l'éveil: Lorsque la ronde venait relever le factionnaire, l'on trouvait le pauvre soldat mort ou râlant.

Mallet se plaça sur le bord du sentier de la ferme et se mit à rêver à Fatma. Qu'avait-il de mieux à faire? — Il était là depuis une heure à peine lorsqu'il aperçut un groupe d'Arabes qui s'avançaient.

C'était Ali et ses partisans.

— Restez là, dit le marabout, en s'arrêtant à portée de voix du zouave, je vais aller mettre le feu à la grange; à la vue de l'incendie arrivez comme pour porter secours, enlevez Marguerite au milieu du tumulte, bâillonnez-la et transportez-la dans la grotte du lac des Pigeons, qui est au-dessous de Sidi-Ali-Tamdjerett.

— Entendre, c'est obéir! répondit laconiquement un des complices.

— Quant à moi j'irai vous rejoindre, dit Ali, et, ce disant, il mit bas ses vêtements. Il pendit à son oreille un petit sac renfermant un briquet, de l'amadou, une pierre à fusil, puis un poignard entre les dents, il se mit à ramper en suivant le sentier.

Mallet, que le hasard avait si bien placé, n'avait pas perdu, comme on le pense, un seul mot de cette conversation.

La nuit était sombre, le zouave se traîna doucement

pour s'éloigner sans bruit du groupe des malfaiteurs, et, aussitôt qu'il se vit hors de vue, il se leva et courut à toutes jambes se poster aux abords de la ferme.

Les chiens coururent sur lui en aboyant, le zouave les caressa de la main et ils se turent. Les yeux fixés sur le sentier il restait immobile. La nuit était noire, comme nous venons de le dire, et le brave soldat s'écarquillait les yeux pour distinguer l'ennemi qui ne devait pas être loin, car les chiens, qui étaient repartis en garde, étaient presque revenus aussitôt près du zouave le fouet ballant et le museau bas.

Mallet s'était placé en face la porte de la grange.

Soudain il aperçut à dix pas de lui une étincelle.

Le zouave épaula son fusil.

Au troisième coup de briquet il pressa la détente et un cri de douleur et de rage se perdit dans le bruit de la détonnation.

— On y va ! cria Antoine qui ne s'était pas couché.

— Allons ramasser le gibier ! fit Mallet en dénouant sa ceinture de broussailles.

XVI

LA PREMIÈRE RÉCOLTE

C'était au souper.

Toute la famille Martin était réunie autour de la table. Antoine était assis comme de coutume à côté de Marguerite. La place de Mallet, seule, était vide.

— Appelle donc le zouave! dit le père Martin à Pierre.

Le jeune homme se leva et alla appeler Mallet.

— On y va! on y va! répondit celui-ci.

Quelques instants après, il fit son entrée dans la salle.

— Pardon excuse du retard, dit-il; je terminais ma correspondance.

— Ah! fit Antoine, je parie que tu as écrit à Fatma?

— Ceci, ça me regarde moi tout seul! fit en riant Mallet; mais pour l'heure, ce n'est point de nos amours qu'il s'agit, et si vous voulez m'écouter, vous verrez ce que j'ai inventé dans ma boussole.

Mallet tira une longue feuille de papier de sa poche, et, se posant devant le père Martin, il la déploya majestueusement :

— Ecoutez voir pour voir ; ça s'adresse aux camarades.

« Mes vieux copins,

« La présente est pour vous dire que nous sommes en plein été, ous'que les chicards prennent des congés vu que par la chaleur il n'y a pas d'exercice. Donc pour lors il s'agit de demander une permission pour venir à la Martinière nous aider à couper les blés et à les rentrer ; voilà qu'est dit, et je vous attends pour donner le coup de main. Salut aux régiments respectifs ; que Venon le dise à Guertin et Guertin au génie. Je vous embrasse tous.

» La vieille des vieilles.

» MALLET. »

— C'est-il une crâne idée que j'ai là ? dit-il en terminant.

— Pourquoi déranger tous ces bons jeunes gens ? fit le père Martin.

— Pourquoi ? dit Mallet. *Primo* d'abord parce que la récolte est si belle, que trois paires de bras de plus ne sont pas à dédaigner ; *secundo*, successivement, parce que nos camarades, les pousse-cailloux, seront bien aises de se priver de la vue du colonel et de venir rigoler avec nous. On voit bien, père Martin, que vous n'avez jamais connu la gloire ; le drapeau, c'est beau, et l'on se fait tuer pour le défendre ; mais le congé, voilà qui est encore plus chouette!!... Tenez, je ne vous dis que ça, dans huit jours les blés seront emmeulés et les camarades seront heureux de se casser le nez sur une bouteille de vin que leur servira la maman, N'est-ce pas, Antoine?

— Comme tu dis.

— Je ne demande pas mieux, reprit le père Martin, mais il faut que nous nous habituions à faire notre ouvrage entre nous; nous n'aurons pas tous les jours des pays pour nous aider...

— Ça, vous avez raison, mon commandant; seulement, pour le quart d'heure, une compagnie, capitaine en tête et chirurgien en queue, ne serait pas de trop pour rentrer les blés.

— Le fait est que c'est une bénédiction.

— Et que si on ne les coupe de suite, dans quinze jours ils seront grillés.

— C'est encore vrai! Ah! quel malheur que je n'aie pas de grange pour les emmagasiner! J'en aurais fait de beaux écus pour cet hiver.

— Pas de grange! exclama le zouave; mais il y en a partout dans ce pays-ci! Il n'y a qu'à se baisser pour en prendre.

— Comment?

— Eh bien! et les silos donc? c'est pas fait pour serrer les fromages! Vous allez voir; lorsque le génie va arriver, il va vous en creuser une demi-douzaine sur le mamelon qui est au-dessus de la ferme; et vous aurez de quoi abriter cinq cents sacs de blé si vous les avez.

— Et vous croyez, Mallet...

— Comment, si je crois! Il faut prendre aux Arabes

ce qu'ils ont de bon; enfermé là-dedans, le blé se conservera dix ans et le charançon ne peut s'y mettre.

— Allons, tout est pour le mieux, fit le père Martin.

A quelques jours de là les pays arrivèrent à Amoura.

L'on se mit à la besogne, et, comme l'avait prévu le zouave, la récolte, très-abondante, fut rentrée à point. Le sapeur du génie, aidé de Pierre, creusa les silos, et les grains, battus et vanés, y furent sainement emmagasinés jusqu'au moment de la vente.

Le père Martin était dans l'enchantement; aux prix les plus bas, il avait de quoi passer convenablement son année et continuer la mise en culture de son domaine. Quant à la mère Marianne, elle ne se sentait pas de joie de se voir à la tête d'une si belle ferme; aidée de Marguerite, d'Auguste et de Jean, ses deux plus jeunes fils, elle soignait une demi-douzaine de vaches qui rendaient bon et elle entretenait une grosse basse-cour; le gars Pierre faisait le jardinage, et chaque samedi, montée sur sa mule, elle s'en allait à Médéah vendre son beurre, ses fromages, ses poulets et ses légumes. Le soir, toute joyeuse, elle comptait son argent, et la pelotte, comme disait la bonne femme, s'arrondissait chaque semaine.

De son côté, Antoine faisait de bonnes affaires; il avait obtenu du gouvernement une concession voisine de celle des Martin, et il y avait installé un grand parc pour y faire son trafic de bœufs.

Tout allait donc pour le mieux dans la belle vallée d'Amoura, et les Tourangeaux ne songeaient au pays que pour regretter que les gens de Seuilly et de Lerné n'eussent pas eu le même courage qu'eux.

La veille du départ des soldats, la mère Martin

égorgea sa volaille la plus grasse pour faire faire bombance aux travailleurs volontaires.

La joie et le contentement présidaient à cette fête du travail.

Au milieu du repas le sapeur dit :

— Je crois, père Martin, que j'ai trouvé une parallèle.

— Qu'entends-tu par là, mon garçon ?

— C'est pour dire que voilà mon congé bientôt fini, et qu'il me faut songer à me faire la vie.

— C'est une bonne pensée !

— Voilà mon plan : je vois que la vallée se peuple et que dans dix ans on s'en ira de ferme en ferme, d'un côté, jusqu'à Médéah, de l'autre, jusqu'à Milianah. Pour lors, je suis de mon état charron et un peu charpentier, et il m'est avis que je pourrai vivre de mon travail dans le pays.

— Oh ! certainement ! fit Antoine, il y a déjà vingt fermes ici, et lorsque le chemin de fer d'Oran à Alger sera terminé, comme il nous traverse en plein, on ne saura plus où se mettre.

— Eh bien ! c'est dit : je viendrai m'établir ici, et en rentrant en France, je vais chercher épouse qui me suive.

— Si ma mère n'était pas si vieille, dit le fusilier Venon, c'est moi qui viendrais aussi !

— Et moi donc, s'écria Guertin, si je pouvais apporter mon moulin de Seuilly.

— Tout ça peut se faire avec le temps, dit Mallet.

— Et avec la mort, ajouta Venon en essuyant une larme; j'y viendrai, dans ce beau pays d'Afrique; mais pas avant que ma bonne mère ne m'ait quitté, la sainte femme !

Ce souvenir arrivait mal au milieu de cette joie. Marianne pensa à sa vieille mère et fondit en larmes.

— Allons, allons, pas de tristesse ! Le chemin n'est pas déjà si long et l'on peut bien amener les vieux lorsque l'on est bien installé. N'est-ce pas, père Martin ?

— Je l'espère.

— Allons, Venon, cria Mallet, fais faire demi-tour a gauche à ta tête d'infirmier, et, ton temps fini, viens coloniser avec nous. Ta mère n'est pas tant vieille que ça ; elle fera aussi bien ses fromages ici que là-bas.

— Ça, c'est possible, répondit le fusilier ; mais il lui manquera toujours quelque chose ; il n'y a pas de curé.

— Pas de curé ! attends voir ; et l'archevêque d'Alger, pour qui le prends-tu ? Il en a plein son séminaire de Saint-Eugène ; tout y pousse en même temps, dans cette belle Algérie, les villages, les arbres et les curés. Quand tu reviendras il y en aura un bien sûr.

— Subjectivement que j'ai vu sur la place du village l'emplacement de l'église, dit le sapeur.

— Tu vois bien, fit Mallet, ça ne rate jamais, le curé.

— Mon doux Jésus ! que je serais contente de voir un un clocher ici ! Il n'y a que ça qui me manque, dit Marianne!

— C'est la première fois que nous passons l'année sans Pâques, ajouta Marguerite.

— Maintenant, mes amis, dlt Mallet, avant de nous séparer, que je vous fasse mon invitation. En plein janvier prochain je me marie à l'église et à la mosquée, par-devant M. le maire de Médéah et par-devant le cadi des Douairs.

— Ça va faire une double noce ! s'écria le fusilier Guerlin.

— Une triple, continua Mallet, vu qu'Antoine et Marguerite seront de la fête. Or donc, vous y viendrez tous et, foi de Mallet, vous verrez comment on festine dans le Sud.

— Ça y est! dit le sapeur du génie; je me charge du feu d'artifice.

— A moins qu'il n'y ait encore une insurrection, dit le fusilier Guertin : dans ce cas, nous serions le sac au dos.

— Ne parlez donc pas de guerre! fit Marianne, nous en avons assez vu comme ça.

— C'est que c'est notre métier d'en parler, dit Venon.

— De la faire surtout, repartit le sapeur.

— Il n'y a pas de danger, dit Mallet; depuis que j'ai décollé le dernier marabout, tout est tranquille. Ces gaillards-là ne poussent pas comme des champignons, heureusement.

— Mais il n'est pas encore mort, cette canaille d'Ali-ben-Kouider.

— Il n'en vaut guère mieux.

En ce moment le caid des Ouamri entra chez les colons.

— Salut sur tous! dit-il

— Soyez le bienvenu, répondit le père Martin.

— Je viens, continua le chef indigène, vous annoncer la mort du marabout. Avant de rendre le dernier soupir, il a fait amende honorable, et moi, dont il a tué le fils, je lui ai pardonné. En ferez-vous autant?

— Que son âme repose en paix! dit le zouave.

XVII

UNE NOCE AU SAHARA.

La jolie petite ville de Médéah était toute en émoi.

De mémoire d'Africain on n'avait vu pareille affluence aux abords de la mairie ; pour la première fois la population européenne et indigène allait assister à un mariage mixte. Dans les groupes l'on glosait, et, pour dire toute la vérité, Français et Arabes étaient loin d'approuver l'union du soldat avec une femme indigène. Les musulmans s'affligeaient de l'affaiblissement de la foi qui livrait une fille de l'Islam à un chrétien, et les Européens, plus sceptiques, faisaient des gorges chaudes de l'abrutissement du zouave qui allait épouser une fille de la tente, une *sale moukère*. Quelques rares esprits sages comprenaient seuls la portée de cette union, mais leur avis ne prévalut pas contre les préjugés de l'opinion publique.

Le zouave Mallet, comme on le pense, se préoccupait peu de ces critiques ; il était tout entier à la réalisation de son rêve.

Le cheik Ismaël avait dressé ses tentes sur le plateau Ouzanneaux, qui fait face à la ville. Sous l'une de ces tentes étaient réunies les femmes qui procédaient à la toilette de la mariée.

A l'heure indiquée pour la cérémonie, les Daïri conduisirent Fatma à la mairie au milieu d'une double haie de curieux. La jeune fille était richement vêtue, mais toute sa luxueuse toilette était cachée par un grand haïk blanc qui l'enveloppait des pieds à la tête. A l'arrivée elle fut reçue par Mallet et ses amis. Le zouave, fraîchement ganté, lui offrit galamment la main pour la conduire dans la salle des mariages.

— Ta main tremble, lui dit-il tout bas.

— Combien il faut que je t'aime, ô mon époux, pour affronter tous ces regards !

Les *oui* sacramentels échangés, les Arabes reprirent la fiancée et l'emmenèrent. Le cheik Ismaël se tourna vers Mallet et lui dit :

— Si tu veux ton épousée, tu viendras la prendre au milieu de ma tente ; nous ne sommes point gens à livrer nos filles à domicile.

— On ira la prendre, le cœur ferme et le bras solide, répondit le zouave.

Le soir même les Daïri levaient leur campement et se dirigeaient vers le sud ; Sliman seul resta avec le zouave.

Il est inutile de dire que la famille Martin tout entière et les camarades assistaient au mariage civil. Lorsque les indigènes furent partis, Mallet, d'un air un peu penaud, se tourna vers ses amis et leur dit :

— Puisque me voilà mari et sans femme, que cela ne nous empêche pas d'aller faire le repas de noces.

— Allons, dit le père Martin ; et ils se dirigèrent vers l'hôtel de Laghouat où le repas était préparé.

— Est-il heureux cet Antoine ! s'écria Mallet ; aussitôt après la cérémonie, il a eu sa petite femme, tandis que moi il faut que je fasse encore trente lieues et une foule de simagrées avant de pouvoir... enfin, suffit, puisque c'est l'ordonnance, il faut s'y conformer.

— Pour lors, dit le fusilier Guertin, que nous allons recommencer la noce dans le Sud.

— Pendant quatre jours, dit Mallet ; comme c'est amusant pour moi ! ajouta-t-il en faisant la moue ; mais que voulez-vous ! c'est l'usage, il faut s'y soumettre !

— Fectivement ! fit le soldat du génie.

— Et puis tu te rattraperas, dit Antoine en riant et en regardant Marguerite, qui rougit.

— Conjonctivement ! soupira le sapeur.

— J'en ai tout de même jusqu'à la troisième capucine de cette double noce, dit Mallet, et il faut que j'aime bien ma petite Fatma pour faire ainsi le pied de grue après la permission de M. le maire.

— Que c'est ce que nous appelons au génie, dit le sapeur, les approchements par tranchées pour prendre la citadelle du bonheur.

— Et que c'est le zouave qui donnera l'assaut, ajouta le fusilier Guertin.

La compagnie éclata de rire à ces lazzis des soldats, et l'on but comme il convient à la santé des époux.

Le repas tirait à la fin lorsque Sliman entra dans la salle du festin.

— Pourquoi n'es-tu pas venu plus tôt, beau-frère ? dit Mallet.

— Parce qu'il me fallait préparer le départ. Le soleil est encore haut, et nous pouvons faire la moitié de la route avant la nuit.

— Nous sommes à tes ordres.

— Les chevaux et les mulets sont à la porte.

— Allons ! en selle ! cria Venon, et toute la compagnie s'apprêta au départ.

Marianne, Marguerite et le père Martin furent installés sur des mules, et les soldats et les gars grimpèrent sur le dos des chevaux ; puis la caravane se mit en marche.

— C'est tout de même drôle de penser que je suis devenu approximativement un grand mamamouchi, disait Mallet en chevauchant, et que de ce pas je m'en vais dans ma maison portative, qui est plantée je ne sais où.

— C'est épatant ! reprit Guertin, et quand nous raconterons ça au pays, on nous traitera de gausseurs.

Lorsque les colons franchirent le lendemain les derniers contre-forts du Tell et qu'ils découvrirent l'immensité saharienne, un cri d'étonnement et d'admiration s'échappa de toutes les poitrines.

Cette plaine sans horizon, verte comme une prairie, recevant, sans ombre, les rayons du soleil, émerveilla nos touristes. De distance en distance, au milieu de la steppe, on apercevait des douars aux tentes sombres, aux abords desquelles des troupeaux de moutons broutaient le thym et le halfa.

— C'est ça le désert ? demanda le père Martin.

— Comme on dit, répondit Mallet ; mais c'est pas plus

désert que la place du Gouvernement à Alger. Vous ne voyez rien, n'est-ce pas ? Eh bien ! dans la zone seulement que nous pouvons embrasser du regard, il y a des milliers de pasteurs qui élèvent des millions de moutons et des centaines de mille de chameaux. Tout l'hiver et au printemps c'est un paradis ; mais l'été c'est autre chose : pas moyen d'y tenir, l'eau manque et le soleil grille. Les Arabes y viennent lorsque les pluies de fin d'automne les chassent du Tell, où ils retournent à la fin du printemps, lorsque le soleil a grillé les plantes de la steppe.

— Alors, c'est un va-et-vient constant ? fit le père Martin.

— C'est pour ça qu'ils sont nomades ; et ça va être ma vie : l'été, campé auprès des sources ; l'hiver, parcourant le Sahara pour faire pacager les moutons ; car c'est la seule richesse du pays ; aussi les Arabes appellent-ils leurs troupeaux *Metameur Rehala, les greniers ambulants*. C'est la grande vie sous l'œil de Dieu ; chacun veille sur son bien, et les gardes-champêtres ne coûtent pas cher à entretenir, je vous assure.

La petite caravane marchait toujours dans la direction du sud.

Tout à coup Sliman arrêta Mallet.

— Tu vois ces cinq tentes qui sont au bord du R'edir ?

— Là-bas, à cette grande flaque d'eau.

— Cette flaque d'eau est ce que nous appelons un R'edir ; les eaux pluviales s'y accumulent, ce sont nos citernes à ciel ouvert créées par Allah.

— Eh bien ! ces tentes ?

— Ces tentes sont à toi ; la grande est ta demeure,

celle qui est à côté est la *bitt-ed-diaf*, la *chambre des hôtes*, et les trois autres sont destinées aux bergers et serviteurs. Mon père te les donne toutes montées pour que tu sois libre.

— Mais... interrompit Mallet.

— Ecoute, continua Soliman ; tu vois ces trois troupeaux de moutons, cette harde de chameaux et ces chevaux à la corde ? Le père en a fait ta part pour que Fatma soit fière d'être ton épouse.

— Frère, dit Mallet, je vous rendrai tout ça un jour par mon travail.

— Frère, lui répondit Sliman, ces biens sont à toi ; ils viennent de Dieu et l'homme n'en est que l'usufruitier, Que ta reconnaissance se manifeste en rendant Fatma heureuse ; elle le mérite, car elle t'apporte un cœur vierge et un flanc sans souillure. Tu vas t'installer là, tes amis et toi ; mes alliés formeront ton goum d'honneur. Quant à toi, tu n'as à te préoccuper de rien jusqu'à l'heure où tes amis t'amèneront ton épouse.

— Comment ! moi, le mari, je ne serai pas de la noce ?

— Non, ainsi le veut l'usage.

— C'est bon ! fit Mallet, vous avez tout de même de drôles de coutumes ; chez nous le marié est l'âme de la fête... Enfin !... ajouta-t-il philosophiquement.

De riches tapis à longue laine et aux couleurs éclatantes recouvraient le sol de la tente principale ; des coussins en cuir de grandeurs différentes étaient épars çà et là, prêts à fournir leur moelleux appui aux hôtes de Mallet ; une grande pièce d'étoffe écarlate, divisant la tente en deux compartiments, complétait l'ameublement du futur gynécée du zouave.

— Ça a l'air cossu, dit en entrant Marianne.

— Fichtre ! exclama Guertin, tu te soignes; le maréchal en campagne n'est pas mieux installé.

— Je voudrais bien être madame Mallet, fit le sapeur du génie.

— Tu es trop barbu, riposta le zouave.

— C'est par supposition que j'ai parlé !

— Je l'espère bien. Mes enfants, continua Mallet, voilà vos lits; jusqu'après la noce, il faut s'en contenter. A la guerre comme à la guerre !

— Mais c'est moelleux, dit Marguerite en s'asseyant.

— Pour les dames on met les tapis en double; tenez, voyez de l'autre côté, derrière le rideau : c'est la chambre des femmes.

Le soir, les colons et les soldats allèrent chez le cheikh pour assister au commencement de la noce, et Mallet resta seul à son campement en compagnie de Sliman.

Pendant trois jours il y eut table ouverte chez le père de Fatma; c'était la grande hospitalité arabe; gens de la contrée et voyageurs, grands seigneurs et bergers, tous étaient reçus avec une égalité parfaite. Le soir, tous les invités assis en rond formaient une grande assemblée sous le ciel; sur l'un des côtés de la vaste circonférence, la mariée, voilée complétement, était placée, entourée des femmes; vis-à-vis les musiciens étaient groupés; les danses et les chants commençaient au lever de la lune et l'assistance ne se retirait que lorsque l'aube pâlissait à l'orient. Pendant ces longues nuitées la mariée reste immobile sans prendre aucune part à la fête; elle ne doit ni rire, ni pleurer, ni parler; détachée des choses de ce monde, elle s'isole, comme disent les Arabes, dans sa virginité, et songe aux mystères de l'enfantement que son époux doit lui dévoiler.

Si elle riait, l'assistance dirait :

— Elle sait ce que c'est, puisqu'elle se réjouit !...

Si elle pleurait, l'assistance dirait :

— Elle sait ce que c'est, puisqu'elle pleure.

Et si elle parlait, l'assistance dirait encore :

— Elle sait tout, car elle n'a même plus la pudeur des rires et des larmes.

Aussi Fatma était-elle silencieuse, et chacun de dire :

— C'est une perle native !

— Non perforée !

— Elle sera la mère de tes enfants !

— La joie de la tente !

— L'envie des cavaliers !

— Elle remplira la maison !

La troisième nuit, le cheikh Ismaël se plaça au milieu du cercle des invités.

— O vous tous qui êtes ici, vous ressentirez ma peine ! Cette enfant est mon sang, cette enfant est une parcelle de ma vie ! On veut me la prendre ; je ne la livrerai pas sans combat ; que ceux qui savent frapper la poudre, que ceux qui ont l'âme vaillante, viennent se joindre à moi demain matin pour défendre mon bien ; c'est un coup de main que je leur rendrai un jour.

— Nous y serons ! crièrent les cavaliers.

Alors se leva un jeune Daïri, ami d'enfance de Sliman et tenant de Mallet.

— Nous serons devant vous, s'écria-t-il en faisant des gestes provocateurs, nous serons devant vous, accapareurs de filles ! Nous ne voulons pas rester célibataires, et tous ceux qui ont femme à prendre se mettront de notre côté !

A ces paroles, l'assistance se leva et chacun se retira.

Pendant la nuit, toutes les femmes du douar se transportèrent au campement de Mallet avec les ustensiles de cuisine, car le repas du lendemain devait, suivant la coutume, avoir lieu sous la tente de l'époux.

Dès le matin, tous les jeunes gens de la contrée, montés sur de fringants chevaux richement caparaçonnés, se réunissaient à la tente du zouave. Tour à tour ils mirent pied à terre et vinrent saluer le marié.

— C'est l'aurore de ton bonheur qui se lève ce matin, disait l'un.

— Sois sans affliction, nous l'amènerons dans ta couche, disait l'autre.

— Tu peux préparer le berceau, la vierge est belle.

— Elle fera honneur à ta tente.

— Sois vigoureux.

Lorsque tous les jeunes gens eurent défilé un à un devant Mallet en lui jetant leurs compliments, Sliman se leva, et, s'adressant à Mallet, lui dit :

— Frère, abandonnons cette tente à son sort ; nos amis la défendront contre toute attaque.

— En voilà une drôle de noce ! dit Mallet en s'adressant à Antoine, voilà quatre jours que je joue à cache-cache avec ma femme. Me voilà encore à cheval...

— Ça sera fini ce soir, répondit l'ex-soldat du 60e.

— Espérons-le; tiens, tu ne peux pas te figurer l'envie que j'ai d'embrasser Fatma...

— Allons, en route ! fit Sliman.

— Eh bien ! au revoir ! s'écria le zouave, amusez-vous bien.

En deux temps de galop, Mallet et Sliman disparurent à travers les ondulations de la steppe.

Dès l'aurore de ce jour, Fatma, richement parée, avait été installée dans un luxueux palanquin recouvert de tentures rouges; l'*atouch* de la mariée était surmonté d'une haute flèche à l'extrémité de laquelle s'épanouissait un faisceau de plumes d'autruche blanches et noires lié par un long ruban écarlate.

Le dromadaire qui portait tout cet échafaudage était le meilleur coureur des hardes de la tribu. Aussitôt que Fatma fut installée, les cavaliers se mirent en marche au bruit de la mousqueterie et aux sons harmonieux, pour des oreilles arabes, de la *R'aïta*, orchestre composé des instruments à vent les plus criards que puisse rêver un cacophoniste.

A quelque distance du douar, le cortège de la mariée fut accosté par le goum du marié.

Le cheikh Ismaël fit faire halte et s'avança.

— Qui êtes-vous? cria-t-il.

— Nous sommes des gens nobles.

— Que voulez-vous?

— Nous voulons la prunelle de tes yeux!

— Vous êtes donc des gens nobles coupeurs de routes!

— Nous sommes ce que Dieu nous a faits!

— Arrière!

— En avant!

Aussitôt les deux goums s'ébranlèrent au bruit de la fusillade et aux vociférations des cavaliers. Il y eut une mêlée terrible; les dromadaires surpris par cette attaque se mirent à fuir dans toutes les directions, et le *mehari* (1) que montait Fatma prit sa course à travers la steppe. Le simulacre de l'enlèvement fut des plus

(1) *Mehari*, pluriel Mehara, nom donné aux dromadaires coureurs.

brillants; le goum du cheikh Ismaël lâcha pied et abandonna la mariée aux tenants de Mallet.

Lorsque Fatma arriva au campement du zouave, elle y fut accueillie par les siens et par les colons. La vaillante jeune fille avait supporté avec un grand courage la *danse du chameau.*

Lorsqu'elle sortit du palanquin, toute meurtrie, Marguerite s'empressa auprès d'elle.

— Ce ne sera rien, lui dit Fatma, c'est la course du bonheur et celle-là ne fatigue jamais.

La fête dura jusqu'à la nuit et fut clôturée par un magnifique feu d'artifice préparé par le sapeur du génie.

De mémoire de Saharien l'on n'avait vu une aussi belle noce.

Tandis que les pays mettaient le feu au bouquet, les femmes conduisirent la mariée sous la tente nuptiale.

Sa mère lui ôta son voile :

— Fille, lui dit-elle, sois heureuse et pudique et n'oublie pas la maxime :

Mera bela h'ia kif ta'am bela melh !
Une femme sans pudeur est un met sans saveur.

Sois fidèle et n'oublie pas la maxime :

On ne saurait mettre deux lames dans le même fourreau.

Puis les femmes se retirèrent.

Quelques instants après leur départ, l'on vit une ombre s'approcher de la tente isolée et s'y glisser furtivement.

C'était celle du marié, le zouave Mallet.

XVIII

CHACUN CHEZ SOI

Il ne manque qu'une chose au Sahara pour en faire la contrée la plus riche du monde : c'est l'eau. L'Égypte, ce pays à la végétation luxuriante, n'est qu'une vaste steppe traversée par un fleuve bienfaisant; partout où l'eau arrive, l'abondance règne. Il en est de même dans le sud de l'Algérie, et les oasis ne sont, comme on le sait, que des terrains arides fécondés par des sources.

Mallet, en entrant dans la grande famille arabe, voulait payer sa bienvenue par le travail ; en s'embauchant chez le colon pour y terminer son apprentissage agricole, il n'avait pas eu d'autre but que celui d'acquérir un peu de science pour en faire bénéficier les indigènes au milieu desquels il allait vivre désormais.

Aussitôt après son mariage, il s'était occupé de la mise en culture des terres sahariennes.

Chaque année, les Arabes établissent, au moyen de fascines et de terre, des barrages provisoires dans les gorges qui descendant des derniers contre-forts du Tell aboutissent dans la steppe ; les pluies d'hiver et de printemps viennent remplir de grands réservoirs, et si la digue peut résister aux envahissements torrentiels, de vastes territoires sont conquis à l'agriculture et la production de ces terrains vierges abondamment irrigués est merveilleuse. Seulement, chaque année, ces barrages ont besoin d'être reconstruits, et les Arabes se lassent parfois de les relever sans cesse. Mallet, aidé des conseils de son camarade le sapeur du génie, qui, son congé fini, était venu se fixer près de lui, Mallet avait construit à Chââbet-el-Arouss une solide digue en pierre avec des déversoirs de sûreté. La petite gorge se trouva ainsi transformée en un lac permanent dont le moindre orage maintenait le niveau ; ce grand réservoir était, en outre, alimenté par plusieurs petits barrages établis dans les ravines des alentours.

Le sapeur du génie avait su faire prévaloir ses méthodes.

— Vois-tu, avait-il dit à Mallet, le gouvernement, avec ses capitaines du génie et ses savants ingénieurs, fait plus d'embarras que de besogne. Pour faire un barrage comme le nôtre, il lui aurait fallu de la pierre de Courtanoux et du granit de Bougie, sans compter le particulier à cent francs par jour qui serait venu de Paris sensément pour tirer des plans ; et puis, vois-tu, ces savants, ça ne connaît seulement pas les proverbes !

— Que veux-tu dire?

— Eh bien ! les petits ruisseaux font les grandes rivières, comme les petits barrages font les grands réservoirs sans que l'on ait à redouter les fortes chasses qui détruisent tout.

Mallet avait donc fait exécuter les plans de son camarade et il était arrivé à irriguer une grande surface de terrains ; il avait semé des céréales et du coton, et en peu d'années toute cette partie nord de la steppe s'était transformée en une plaine féconde.

Les Arabes avaient imité l'exemple du zouave, et la richesse de la contrée s'était décuplée en quelques années ; ayant leurs champs de culture en plein Sahara, les indigènes n'étaient plus dans la nécessité de confier le soin de leurs troupeaux à des bergers ignorants ou infidèles.

Le zouave avait construit sur un mamelon une habitation confortable dominant le lac artificiel qu'il avait créé. C'était là que Fatma vivait heureuse.

Mallet lui avait appris à tenir sa ferme, et, de temps à autre, Marianne et Marguerite venaient la visiter et lui enseigner les mille détails d'un ménage européen.

La fille des Douairs était devenue une femme experte, et ses compagnes indigènes étaient émerveillées de sa façon de vivre. Une à une, elles étaient venues s'instruire auprès d'elle des usages des chrétiens, d'abord avec défiance; mais, lorsqu'elles se furent assurées que ce bien-être et cette existence des Français pouvaient s'obtenir sans enfreindre aucun des préceptes du Coran, elles s'enhardirent jusqu'à l'imiter. C'est ainsi que le barrage de Mallet devint le centre d'une agglomération saharienne. Petit à petit, les gens aisés de la tribu quittèrent l'habitation de la tente pour venir s'installer dans des maisons de pierre.

Tandis que Mallet, par sa seule présence dans le Sud, changeait les habitudes de la tribu nomade, les colons poursuivaient leur œuvre à Amoura. La plaine du Chéliff s'était transformée, le village s'étageait sur le coteau dominé par l'église. Les Arabes, attentifs aux travaux des colons, avaient peu à peu amélioré leurs cultures, et une école commune réunissait les enfants indigènes et européens.

— Tout ça va bien, disait parfois le père Martin, et nos enfants n'auront qu'à se laisser vivre.

Un jour, la famille Martin fut surprise par l'arrivée de Mallet et de Fatma.

Ce fut grande joie à la ferme.

— Savez-vous ce que nous venons vous proposer? dit Mallet.

— Quoi donc? demanda Marguerite.

— Eh bien, je vais faire visiter la France à ma petite femme et je viens voir si quelqu'un de vous veut nous accompagner. Qu'en dis-tu, Antoine?

— Ma foi, je veux bien, répondit l'ex-soldat du 60e.

— C'est ça, mes enfants, dit le père Martin, allez vous faire voir au pays, cela ne peut être que profitable. Dites aux braves gens ce que c'est que l'Algérie et ramenez-nous du renfort. Tant plus il y aura de colons ici, tant plus nous serons riches, et il y a, Dieu merci! de la place pour tout le monde.

— Nous emmenons mon frère Sliman, dit Fatma, il veut voir la France aussi.

— Dis donc, la femme, si nous y allions? dit le père Martin à Marianne.

— Je garderai bien la ferme avec les frères, fit Pierre.

— Nenni, mes amis, dit la fermière, c'est aux enfants à voyager et non à nous; notre concession va trop bien pour la quitter, et nous mangerions en promenades notre temps et notre argent.

— C'est bien dit, ça, femme, eh bien! nous restons, exclama le père Martin.

A quelques jours de là, les deux jeunes ménages, accompagnés par Sliman, partaient pour la France.

Le voyage s'accomplit heureusement.

Fatma et son frère en revinrent émerveillés.

Et quant aux deux braves soldats, ils firent plus pour l'Algérie, pendant tout ce voyage, que tous les gazetiers de France : ils amenèrent toute une colonie de la Touraine.

Aujourd'hui, les Martin sont les gros bonnets de la vallée et Antoine Manceau est maire de la commune d'Amoura.

Quant à Mallet, il est roi dans le Sud.

Les Arabes disent de lui :

— C'est un homme !

— C'est un bienfaiteur!

FIN

TABLE DES MATIÈRES

FIN DE LA TABLE

F. AUREAU. — IMPRIMERIE DE LAGNY

OUVRAGES DE M. FLORIAN PHARAON

	fr.	c.
Sidi-Siouti. Livre de la miséricorde dans l'art de guérir les maladies et de conserver la santé; traduit de l'arabe, en collaboration avec le Dr A. Bertherand. In-8°.	2	50
Vocabulaire Français-Arabe, à l'usage des médecins, vétérinaires, sages-femmes, pharmaciens, etc., en collaboration avec le Dr E.-L. Bertherand. In-18.	5	»
L'Espion Noir, en collaboration avec H.-Émile Chevalier. In-18.	3	»
Spahis, Turcos et Goumiers. In-18.	3	»
Au feu du Bivouac. In-18.	3	»
Récits Algériens, nouvelles. In-18.	3	»
Voyage de S. M. Napoléon III en Algérie (1865), illustré par A. Darjou (édition H. Plon), in-folio.	20	»
Voyage Impérial dans le nord de la France (1867), in-folio, épuisé.		

SOUS PRESSE :

La puissance de la Presse, roman d'encre et de plume, dédié à M. Émile de Girardin.

Le Caire, la Haute-Égypte et Suez, souvenir du voyage de 1869, illustré de 30 dessins par A. Darjou, grand in-folio.

Le Chef de Bureau arabe, roman algérien.

Le Fléau de Dieu, en collaboration avec H.-Émile Chevalier.

F. AUREAU. — IMPRIMERIE DE LAGNY

www.ingramcontent.com/pod-product-compliance
Ingram Content Group UK Ltd.
Pitfield, Milton Keynes, MK11 3LW, UK
UKHW020202250726
13967UKWH00003B/1225

9 782012 928855